JN119620

奈良女子大学
KeiHanNa
けいはんな講座

00

聖徳太子像の再構築

小路田泰直
斉藤恵美
編

敬文舎

奈良女子大学けいはんな講座 00

聖徳太子像の再構築

敬文舎

装丁・デザイン――竹歳 明弘
編集――――――――阿部いづみ

目次

奈良女子大学けいはんな講座00 聖徳太子像の再構築

推古朝の合議――大夫合議制の変質と冠位十二階・十七条憲法　鈴木明子……101

序

序文

二〇二一年五月八日、関西文化学術研究都市（以下「けいはんな」と呼ぶ）にある奈良女子大学のサテライトオフィスで、奈良女子大学けいはんな公開シンポジウム「聖徳太子像の再構築」が開催された。本書は、そのシンポジウムをもとに編集したものである。

報告者は、佐藤弘夫（東北大学）、鈴木明子（奈良女子大学）、斉藤恵美（奈良女子大学）、小路田泰直（奈良女子大学）の四人であったが、四人にはない自然史的な視点も加えるために西谷地晴美（奈良女子大学）の論考も加えた。

ただここで一つ説明をしておかなくてはならない。それは、なぜ我々奈良女子大学関係者が、「けいはんな」を舞台に「聖徳太子像の再構築」といったテーマのシンポジウムに取り組んだかである。

一つの理由は、奈良女子大学は二〇一八年三月に、従来存在した「共生科学研究センター」と「古代学学術研究センター」、および文学部の「なら学プロジェクト」を合わせて「大和・紀伊半島学研究所」を発足させたが、その折、研究所の一部となった「古代学学術研究センター」の名も「古代学・聖地学研究センター」と改めた。

古代日本の中心として栄えた奈良だけではなく、その後長く日本の聖地として、日本人の心の拠所として繁栄を続けた奈良にもスポットを当てるためであったが、その奈良の聖地化にとっては、天武朝以降の聖徳太子信仰の広がりが決定的な役割を果たしたと思われるからである。その意味で、聖徳太子一四〇〇年遠忌の年に、奈良女子大学が聖徳太子について何も語ろうとしないのは、かえって不自然だと考えたからである。

そして今一つの理由は、「けいはんな」は、二〇二五年に開催される大阪・関西万博（万国博覧会）に、「けいはんなプラットフォーム」として参加を予定しているが、それに奈良女子大学も協力を申し出ているからである。

そこで考えておかなくてはならないのは、この激動の時代に、大阪・関西を舞台に万博を開催することの意義である。世界は今、地球環境問題をはじめ、さまざまなことで限界に逢着し、激しい軋轢に晒され、SDGsを実現して将来に向け生き残っていけるかどうかの瀬戸際に立たされている。そしてしばしば言われるのは、その限界や軋轢がもっとも顕著な形で現れている地球上の地域のひとつが日本だということである。その日本における矛盾の現れの最たるものが少子高齢化問題だ。ならば日本を舞台に、世界の人びとと語り、それらの限界や軋轢の本質と由来を見極め、その解法を探るのが、今回の万博の意義ということになる。

一八九三年（明治二六）――その翌年、日清戦争が勃発した――コロンブスの「新大陸」発見四〇〇年を記念して開催されたシカゴ万博が、迫りくる世界戦争の危機をいかに回避するかをテーマにしたように、万博には、時々の人類的課題の解決に取り組む義務がある。大阪・関西万博にもその義務はあるはずである。

ちなみにシカゴ万博は、時として戦争の最大の火種になる宗教間の対立を解消するために万国宗教会議を開催し、宗教間の平等を訴えた。インドの聖人ヴィヴェーカーナンダが活躍し、それを岡倉天心が憧憬した。また当時、貧富の差を生み出す元凶のように語られがちであった産業革命を、人類福祉の進歩の原動力と見なすために、イルミネーションを灯し、観覧車を回し、電気で人びとを魅了した。その影響で、一八九五年（明治二八）に京都で開かれた第四回内国勧業博覧会も、蹴上発電所（水力）で発電した電気を使って、我が国最初の路面電車を走らせた、電気の博覧会となった。

考えてみれば、「けいはんな」を取り囲む京都・大阪・奈良の地は、この国でもっとも深く歴史を知ることのできる地である。ならば今、人類が直面しているさまざまな限界や軋轢を克服するための方法を、日本の歴史の深みから探り当てるべく努力するのが、「けいはんなプラットフォーム」の一員として今回の万博に参加する者の義務だと思う。だから我々は「けいはんな」を舞台に、歴史の研究に取り組む。その手はじめが「聖徳太子像の再構築」なのである。

小路田泰直

シンポジウムを開催するにあたって

小路田泰直

最近人に会うと、次の二つの話を聞くことがよくあります。

「聖徳太子というのはいなかったんだね」とか、

「今年は聖徳太子没後一四〇〇年にあたるんだね」とかいった話です。

後者はただ事実を言っているだけなので、「ああ、そうなんだ」と思って聞きますが、前者には少し違和感を覚えます。日本の歴史学はまだこんなことを論じなくてはならないのかとも思い、少し虚しさに襲われます。というのも、『古事記』『日本書紀』に書かれたことを信じてはならないというのは、戦後古代史学の合言葉であり、「〇〇はなかった」「××はいなかった」といったことは、何度も繰り返されてきたことだからです。一九七〇年代には大化改新否定論が一世を風靡(ふうび)しました。大化改新があったなどと言おうものなら、お前は皇国史観の徒か、と言われかねない雰囲気がありました。

しかも、「○○はなかった」「××はいなかった」論の論拠は、常にワンパターンです。『古事記』『日本書紀』は、八世紀の、律令制国家の支配者たちの、みずからの支配を正当化するために描いた物語（作り話）に過ぎない、というものです。昨今のポストモダニスト（構成主義者）を彷彿(ほうふつ)とさせる言い方ですが、この言い方が七〇年間もこの国の古代史学を支配してきました。聖徳太子はいなかったなどと言うのは、その支配のとどのつまりに生まれた言説です。なんと大雑把な議論かというのが、私の感想です。

たしかに、あらゆる歴史は書き手の主観に左右されます。だから『古事記』や『日本書紀』に、律令制国家の支配層の意図が色濃く反映しているのは当然です。しかし、だからといって『古事記』『日本書紀』に書かれていることを、すべて信用できないというのは極端です。そんなことを言うから、ときどき『古事記』『日本書紀』に書かれてある通りのことが、考古学によって明らかにされると、驚かなくてはならないのです。たとえば、葛城山麓で極楽寺ヒビキ遺跡という豪族居館の焼け跡遺跡が発見されて、雄略天皇による葛城円(かずらきのつぶら)焼き討ちが実際にあったということに皆が驚いたのは、記憶に新しいところです。

『古事記』や『日本書紀』をひたすら信用せよと言うのもイデオロギーならば、それを決して信ずるなかれと言うのも、またイデオロギーです。その考え方の発信元、津田左右吉の考え方をたどればわかります。彼は次のような考え方をもち、日本と中国の文化のあいだには、なんらの関係もないと言わんがために、それを主張しました。

ここに収めた二篇に共通な考は、日本の文化は、日本の民族生活の独自なる歴史的展開によって、独自に形づくられたものであり、従ってシナの文明とは全く違ったものである、ということ、日本とシナとは、別々の歴史をもち別々の文化なり文明なりをもっている、別々の世界であって、この二つを含むものとしての、一つの東洋という世界は成りたっていず、一つの東洋文化東洋文明というものは無い、ということ、日本は、過去においては、文化財としてシナの文物を多くとり入れたけれども、決してシナの文明の世界につつみこまれたのではない、ということ、シナからとり入れた文物が日本の文化の発達に大なるはたらきをしたことは明かであるが、一面ではまた、それを妨げそれをゆがめる力ともなった、ということ、それにもかかわらず、日本人は日本人としての独自の生活を発展させ、独自の文化を創造して来た、ということ、日本の過去の知識人の知識としては、シナ思想が重んぜられたけれども、それは日本人の実生活とははるかにかけはなれたものであり、直接には実生活の上にははたらいていない、ということである。

（一九三七年の著書『支那思想と日本』〈岩波新書〉を、一九五九年に『歴史学と歴史教育』に収録するときの「まえがき」）

しかし、日本人が漢字を使っている事実一つをとってみても、それはなかなか言いにくい。そこで彼は一計を案じ、次のように考えたのです。

日本は絶海の孤島、したがって孤立し、大陸の文明がなかなか伝わりにくい。その結果、長く未開にとどまり、鎌倉時代ぐらいになってようやく文明化するありさまであった。だから古代にたくさんの大陸文明が伝わってきても、誰もそれを理解することができなかった。なにせ未開人なのだから。だからあらゆる大陸文明の接受は模倣（猿真似）にとどまり、日本文化の血肉となることはなかった。中国人が書くことを得意とする歴史の導入などは、その最たるものであった。中国人が歴史を書いたから、日本人も書かなくてはならないと思って書いたが、およそ歴史とは何かを理解することもできずに書いたので、結局は歴史というには、あまりに稚拙な歴史を書いてしまった。それが『古事記』『日本書紀』であったと。

これが、『古事記』『日本書紀』は信ずるに足りない論の元になった考え方です。今さらこんな考え方に同調する人などいるでしょうか。海があったから日本は大陸から完全に切り離されていたなどと考える人は、ほぼゼロに近いと思います。海こそ天然の交通路だというのは、今や常識になってきているからです。

しかし、かかる考え方に立って紡がれた『古事記』『日本書紀』信ずるなかれとの合言葉は、今なお健在なのです。だから、それはイデオロギーだと言うのです。もういい加減このイデオロギーから解き放たれてもよいのではないでしょうか。津田左右吉が『神代史の新しい研究』を公表（一九一三年）してから一一〇年もたっているのです。如何な進歩的イデオロギーも保守イデオロギーに転ずるのに十分な時間です。解き放たれてよいのではないでしょうか。イデオロギーに縛られた学問は、その縛っているイデオロギーが如何なる代物であったとしても、稔り豊かな認識を生みません。

しかし思うに、以上のことは言っても、多分無駄でしょう。津田の言ったなかで、日本が絶海の孤島であり、孤立の中に生まれ育った国だったという点については、さすがに今認める人はいません。しかしもう一つのこと、すなわち日本は長く未開に、すなわち後進社会にとどまったという点については、いまだに多くの人がそう思っているからです。

だから成り立っているのが、日本の発展に中国の影響なしとした津田の場合とはまるで反対ですが、日本の発展は常に外からの影響でもたらされ、やがて土着の反作用によって、それが日本化され定着するといった歴史の捉え方です。吉田孝さんが、七・八世紀に隋・唐の影響でもたらされた律令制が、やがて九世紀になると、日本の現実と習合して日本型律令制となり、日本の古典国制を形成するに至った（『律令国家と古代の社会』一九八三年）としたのは、その捉え方の典型です。この歴史の捉え方は、日本の歴史家にとっては、容易に捨てがたいものになっているからです。

考えてみると、あらゆる歴史の発展、変化の捉え方がそうなっています。寛政改革や天保改革があったから明治維新があったのではなく、ペリー来航があったから明治維新があったというのは、教科書レベルの常識です。

しかし、この歴史の捉え方も含めて、私は今、津田由来のイデオロギーから、我々は自由になるべきではないかと考えています。

そうした歴史の捉え方をしていたのでは、結局歴史の発展や変化を、内側から、内在的に捉えることができなくなってしまいます。それでは知識は増えても、歴史を学ぶ価値が半減してしまうからです。それが多くの優れた研究を生んできた事実は認めるとしても、です。

西欧を中心にして生まれた近代世界システムに包摂されたから、日本は近代化した。近代とは、それに触れたものを近代化せずにはおかないモジュールだとは、西川長夫さんたちが繰り返し述べられた（『国民国家論の射程』二〇一二年）ことですが、そんなことを言ってみても結局、そもそも近代とは何か、なぜ近代は誕生したのかは解けません。その解明は、みずからが近代を生み出したとの自負をもつ、あるいはそのことへの責任を感じるヨーロッパ人の知的営為に任せるしかなくなってしまうのです。

しかし、それでは歴史を学んでも、あまり賢くはならないのではないでしょうか。ならばいっそのこと内藤湖南流に、しょせんはアジアの田舎に過ぎなかった応仁の乱以前の日本の歴史――もっと一般化して日本の歴史――など、学ぶ価値なし（「応仁の乱について」一九二一年）と言い切ったほうが、潔いように思います。

では、津田の呪縛から解き放たれたとして、我々はどのような歴史を描けばよいのでしょうか。

誰も描いたことがないので、まずは描いてみるしかないといったところでしょうが、津田由来のイデオロギーを極端化したものが、聖徳太子はいなかった論だとすれば、その聖徳太子論からはじめるのも一興かなと思いました。。

そこで、まずは常日頃、聖徳太子について一家言おもちの皆さんに集まっていただいて、このシンポジウムを開催してみようと思い立ちました。当然、以上述べてきた私の開催の意図は、私以外の他の参加者は預かり知らぬところです。ただ、集まり対話することを楽しいと思っていただける方に集まっていただきました。

なお、ひと言付け加えさせていただきますと、「序文」でも触れましたが、奈良女子大学には大和・紀伊半島学研究所という研究所があり、そのなかに古代学・聖地学研究センターというセンターがあります。斉藤恵美さんが、西谷地晴美さんとともに、設立のころから深く関わっておられる研究センターです。

では、大和・紀伊半島地域を単に歴史の故郷ではなく聖地たらしめている原点は何でしょうか。やはりそこが、この国における「聖」の誕生の地だったことではないでしょうか。聖地という言葉には信仰の要素がつきまといます。そして我が国の「聖」ナンバーワンは、最澄でも空海でもなく、やはり聖徳太子です。ならば聖徳太子一四〇〇年遠忌で世間がざわつくとき、奈良女子大学がそれに何も発言しないというのは、かえって変です。その意味もあって本日の集まりをつくりました。

この対話から何かが生まれることを祈って、開会のベルを押したいと思います。

奈良女子大学
KeiHanNa
けいはんな講座
00

聖徳太子と疫病神——現代社会における神のゆくえ

佐藤弘夫◉東北大学大学院文学研究科教授

はじめに

今年は聖徳太子千四百回忌の年とされる。法隆寺・四天王寺をはじめとするゆかりの寺院では、盛大に記念の行事と法要が営まれた。

聖徳太子は敏達（びだつ）天皇三年（五七四）、用明天皇の第二皇子として誕生したと伝えられる。母は欽明天皇の皇女である穴穂部間人（あなほべのはしひと）である。没年は推古天皇三〇年（六二二）。「聖徳太子」という名称は後世になって奉じられた尊号であり、「厩戸王（うまやどのおう）」という説はあるものの、生前の名は不詳である。

折しも世界中でコロナウイルスが猛威を振るっている。その対応をめぐって、日本国内でも長く混乱が続いている。

聖徳太子の顕彰とコロナウイルスの流行——一見、この二つの現象はまったく無関係にみえる。

しかし、私には、今日人びとの関心を集めているこれらの社会現象が、ある共通点をもっているように思われるのである。

飛鳥時代の人である聖徳太子は、そのイメージを大きく変化させながら、今日に至るまで生命力を持ち続けてきた。[*1] 他方、ウイルスや細菌が引き起こす感染症は、かつては「疫神」「疫病神」などがもたらすと信じられていた。きわめて奇異に聞こえるかもしれないが、私には前近代から明治維新を経て現代に至る聖徳太子像の変容が、日本列島における感染症のイメージの変化と、同じ軌跡を描いているようにみえるのである。

現代社会は文明が成熟を極めた時代である。IT革命が進行し、日々の生活はひと昔前に比べれば飛躍的に便利なものとなった。しかし、その一方で民族・国家・宗教間の葛藤がかつてないほど強まり、人類の滅亡が危惧されるレベルにまで環境の変動と汚染が深刻化している。[*2]

私たちはいま、どのような世界に生きているのであろうか。人類はどの方向に向かおうとしているのであろうか。その先に、いかなる未来が待ち受けているのであろうか。

ここでは、聖徳太子とコロナウイルスという出自と性格を異にする対象を取り上げ、両者がクローズアップされる歴史的・社会的背景を考察することを通じて、二つの異なった角度から現代社会に照明を当ててみたい。その二つのスポットの交錯のなかに浮かび上がる光景を素材として、先の疑問に対する解答を探っていきたいと考えている。

神格化される聖徳太子

聖徳太子も感染症も、その認識をめぐっては時代による大きな変化がみられる。そこでまず、聖徳太子と疫病神のイメージが、年代を追うごとにどのような変貌を遂げてきたかをたどってみたい。

初めに聖徳太子を取り上げる。聖徳太子の神格化は、すでに太子の死後一〇〇年後に編纂された『日本書紀』（巻二二）にみることができる。

推古天皇二一年（六一三）のことである。聖徳太子が片岡山に行くと、飢えた人が道に臥(ふ)していた。太子は飲み物と食物を与え、衣を脱いでその人を覆ってやり、「しなてる 片岡山に 飯に飢て 臥やせる その旅人あはれ（後略）」と歌を詠んだ。

翌日、太子が様子をみるために使者を遣わしたところ、件の人物はすでに亡くなっていた。太子は遺体をその場所に埋葬させた。数日後、太子は近習の者を召して「彼は只者ではない。真人(ひじり)に違いない」と語り、墓を見にいかせた。使者が行ってみると、墓を開いた様子がないにもかかわらず、屍も骨もなく、棺の上に衣服だけが畳んで置いてあった。

人びとは不思議に思い、「聖(ひじり)は聖を知るというのは、本当だったのだ」と語って、ますます太子を畏敬したという。

特殊なパワーをもつ聖徳太子のイメージは、平安時代中期（一〇世紀頃）に編纂された太子の伝記『聖徳太子伝暦』において集大成をみる。ここでは母后が、救世観音の化身の僧が口に入った夢をみて太子を懐妊したとされており、聖徳太子が常人とは異次元の存在であることが暗示されている。また、愛馬の黒駒に乗って、舎人の調子丸とともに富士山に登り、数日のうちに信濃と三越（さんえつ）を回って帰ったことなど、太子をめぐる超人的なエピソードが紹介されている。

だが、聖徳太子そのものが崇拝の対象となり、太子信仰が広く社会に浸透していくのは、平安時代の後期（一一世紀以降）を待たなければならなかった。

この時期は国立寺院の生態が大きく変化するときだった。財政悪化に直面した律令国家は、その健全化を図るために、国家機構からの寺院の切り離しを断行した。その結果、国からの財政支援が途絶えた諸寺院は、みずからの自助努力によって延命の道を模索することを余儀なくされた。

こうした状況のなかで、存亡の危機に瀕（ひん）した伝統寺院復興の切り札として、新たにクローズアップされてくるアイテムのひとつが聖徳太子だったのである。

浄土への案内人としての聖徳太子

平安後期から急速に高揚する聖徳太子信仰に、人びとは何を期待していたのであろうか。そのキーワードは「浄土往生」だった。

この時期、死後に理想世界としての浄土（仏の国）に往生することを願う浄土信仰が流行をみせはじめる時期だった。数ある浄土のなかでも、もっとも人気を集めたのが阿弥陀仏の主宰する西方極楽浄土だった。

すでに『聖徳太子伝暦』で、聖徳太子は観音菩薩の化身であることが暗示されていた。観音菩薩は勢至菩薩とともに阿弥陀仏の脇侍をなしていた。こうした文脈において、四天王寺や法隆寺、広隆寺などの聖徳太子にゆかりの深い寺々は、太子をこの世とあの世を結びつける媒介者として位置づけていく。聖徳太子は人びとを浄土に導く使命を帯びてこの世に現れたのであり、そのため太子に祈りを捧（ささ）げることによって、その力で浄土への往生が可能になるという論理の構築である。

聖徳太子が建立したとされる法隆寺では、治暦五年（一〇六九）に太子の事績を描いた絵伝が完成している。保安二年（一一二一）には、僧坊である東室（ひがしむろ）の一部が改造されて、聖徳太子を祀る聖霊院（しょうりょういん）が誕生し、太子像が安置されて多くの参詣者を呼び込んだ。

この聖徳太子坐像は内部が中空になっていて、納入品が籠められている。その中に、蓬莱山形の台座の上に安置された観音菩薩像がある。聖徳太子像と観音菩薩像の入れ子状の二重構造は、太子が観音の化身であることを端的に表現したものであり、衆生を浄土へ導く救済者としての聖徳太子を強調するための仕掛けだった。

法隆寺以上に濃厚な浄土信仰に染め上げられた寺が四天王寺である。聖徳太子ゆかりの寺院と

法隆寺 聖霊院

聖霊院 聖徳太子像 X 線透視図

聖霊院 聖徳太子像

（法隆寺昭和資財帳調査完成記念『国宝法隆寺展』図録より）

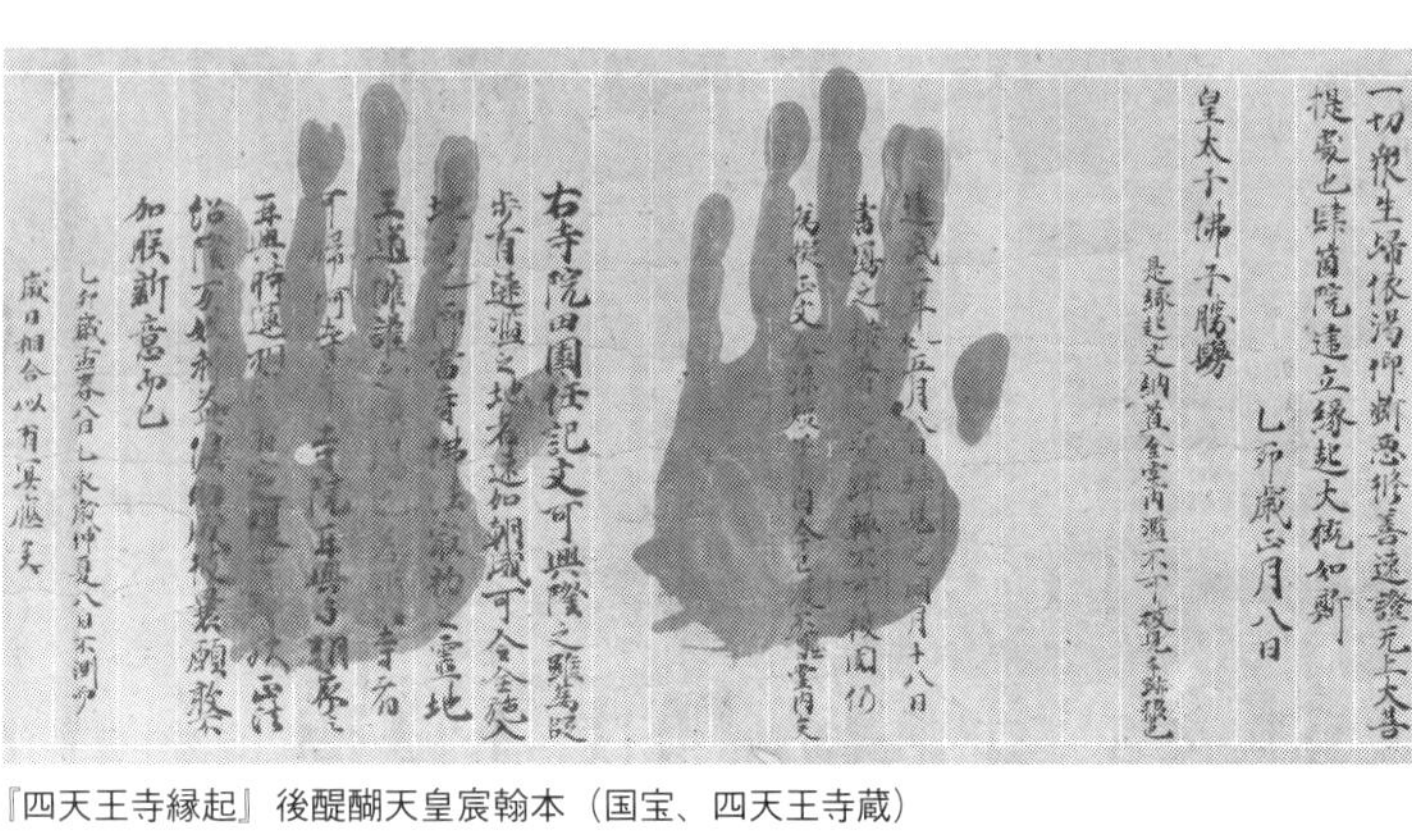

『四天王寺縁起』後醍醐天皇宸翰本（国宝、四天王寺蔵）

して法隆寺と並ぶ歴史を誇る四天王寺では、寛弘四年（一〇〇七）、聖徳太子が書き残したとされる一巻の書物『四天王寺縁起』が発見された。この事件に触発されて、四天王寺でも聖徳太子像を納める聖霊院が創建された。中世の四天王寺では、海に面した西門が極楽の東門にあたるという信仰も生まれ、多数の念仏者が聖霊院に参籠して聖徳太子に往生極楽を祈願するようになった。

　聖徳太子信仰と浄土信仰との結びつきは、磯長（しなが）（大阪府太子町）にある聖徳太子廟でも顕著である。この地では一一世紀に、聖徳太子が生前に書き残していたという言葉＝「廟窟偈（びょうくつげ）」が出現する。「大慈大悲本誓願　愍念有情如一子」という句ではじまるこの偈文には、「救世観世音」である太子が慈悲の心をもって衆生を救い取るため、西方浄土を離れてこの「片州（へんしゅう）」に降臨したことが記されている。

　浄土からこの世界に化現したのは太子だけではなかった。太子の母は阿弥陀仏、妻は勢至菩薩だった。この娑婆（しゃば）世界

四天王寺西門

聖徳太子廟

での化縁が尽きたので、いま西方浄土に帰還するが、末世の有情を済度するために「父母所生の血肉の身」をこの「廟窟」にとどめる。聖徳太子に加えて、その母と妻の遺体を納めるこの廟は、「三骨一廟三尊位」を示すものであり、一度でもこの地を訪れたものは「往生極楽世界」が確定する――「廟窟偈」はこのように説くのである。

鎌倉仏教の祖師として著名な親鸞も、同時代に流行していた聖徳太子信仰と無縁ではなかった。親鸞は正嘉元年（一二五七）、聖徳太子の伝記を記した『上宮太子御記』という書物を書写している。その巻末には「廟窟偈」が収められており、「廟窟偈」の一部を抜粋した、「三骨一廟文」といわれる親鸞の真蹟も現存している。

親鸞は二九歳のときに京都の六角堂に参籠して夢告を受け、それが法然と巡り合う契機となった。六角堂は聖徳太子の建立であり、親鸞の意識からすれば、法然との邂逅は聖徳太子の導きによるものだったのである。

聖人から政治家へ

江戸時代に入ると、聖徳太子は仏教者のあいだでは相変わらず高い支持を受け続けるものの、もはや中世のような、一般大衆による熱烈な信仰の対象となることはなかった。その背景にあったものは、中世―近世移行期に起こった世界観の転換と浄土信仰の変質である。[*3]

この時期、日本列島に生きる人びとのあいだから、しだいに往生浄土の切実さが失われていった。戦国の世の終焉（しゅうえん）による社会の安定化に伴って、人びとの主要な関心が死後の救済から現世での幸福へと軸足を移すようになった。生前はこの世の生活を存分に楽しみ、死後のことは死が近づいたときに考えればいいという、近代人に通じる発想が社会の主流となっていくのである。

こうした信仰の変質のなかで、遠い世界に実在すると信じられた浄土も徐々にそのリアリティを失っていった。死後の到達目標としての「極楽浄土」という言葉は相変わらず使用され続けたが、その所在地は不可視の遠方世界ではなく、寺の境内や墓地や故郷を見下ろす山頂としてイメージされるようになった。死者が遠くに旅立たない時代が到来するのである。

こうした浄土信仰の変質は、当然のことながら、この世とあの世をつなぐ存在としての聖徳太子の観念にも強く投影されることになった。聖徳太子は彼岸への案内者としての地位を喪失し、現世利益の祈願の対象へと変貌していくのである。

江戸時代は幕府や各藩の正式な学問として、朱子学などの儒学が採用された時代だった。江戸後期になると、本居宣長や平田篤胤の国学が勃興した。儒学と国学は仏教に対しては批判的な態度を取っていた。そのため、仏教色の強い聖徳太子は儒学者や国学者から忌避されることになった。聖徳太子に対して逆風の吹く時代が続くのである。

近世以降いったん時代の主役の地位を降りた聖徳太子に、再び照明が当たるのは、いまからちょうど一〇〇年前、大正一〇年（一九二一）の聖徳太子一三〇〇年遠忌の折だった。この行事を契機として、再び聖徳太子が注目を集めるようになる。

この時期、日本は清・ロシアという大国と戦って相次いで勝利を収め、ナショナリズムが沸き立っていた。列強による侵略の不安から解放される一方で、大国としての自意識が急速に高まっていた。そうした時節に合わせて、十七条の憲法を定めて国家体制を整え、大国隋と対等の外交政策を展開した聖徳太子が、改めて注目されるようになるのである。

卓越した政治家としての聖徳太子の顕彰は、日中戦争、太平洋戦争の時期に入ってエスカレートしていく。そこで強調されるのが、天皇に対する聖徳太子の傾倒ぶりである。「和をもって尊しとなす」「詔を承りては必ず謹め」といった十七条憲法の言葉が、天皇への絶対的服従の論理として再解釈されていくのである。

宗教性を削ぎ落とした新たな聖徳太子のイメージの集大成が、昭和一二年（一九三七）に文部省が編纂（へんさん）した『国体の本義』に描かれる太子像である。「大日本帝国は、万世一系の天皇皇祖の神勅を奉じて永遠にこれを統治し給ふ」とい一文にはじまるこのテクストでは、

> 冠位十二階の制度は、氏族専横のときにあって、天皇中心の大義、一視同仁の大御心を明らかにせられ（中略）また憲法十七条においては、和の精神を始め、国に二君なく民に両主な

き事を昭示遊ばされ

という言葉に示されるように、聖徳太子の根本精神が、天皇中心の国家体制の実現にあったことが強調された。

天皇讃仰の推進者としての聖徳太子の顕彰は、昭和二〇年（一九四五）の敗戦によって終止符を打たれる。しかし、それが聖徳太子の人気の凋落につながることはなかった。十七条憲法において尊ぶものとされた「和」が、天皇崇拝の文脈から切り離され、聖徳太子の平和主義者たる証と解釈されるようになるのである。融和を愛し争いごとを嫌う、理想的人格者としての聖徳太子像の誕生である。このイメージの先に、昭和三三年（一九五八）発行の一万円札の顔となった聖徳太子が位置している。

このように、聖徳太子のイメージはいくども変転を繰り返しているが、私見によれば、もっとも重要な画期は中世と近代のあいだにあった。中世では聖徳太子はこの世とあの世をつなぐ聖なる存在であった。彼は信仰の対象であり、通常の人間を超越する存在＝「カミ」だった。

けれども近代に顕彰される聖徳太子像には、そうした超越者としての側面はほとんどみられない。いかに特殊な才能をもっていたとしても、太子はどこまでも人間だった。聖徳太子像は近世を転換期として、カミから人へと移行を遂げたのである。

カミとしての疫病神

聖徳太子に続いて、次に取り上げたいのは、日本列島における感染症観の変遷である。

前近代の日本では、流行病をもたらすウイルスや菌は「疫神」「疫病神」と表現されてきた。この言葉自体は現在でも使われているものだが、興味深い点は、人間に病気や死などの不利益をもたらすものに対して、「神」という形容が用いられていることである。

鎌倉時代の『融通念仏縁起』には、疫神の群れが描かれている。牛馬などの顔をもち、角を生やした異形の姿をしている。地獄絵に登場する獄卒に似たものがいる。『春日権現験記絵』や『泣不動縁起(なきふどうえんぎ)』に登場する疫神たちも、同様の容姿をもっている。

疫学の知識がなかった前近代の社会では、感染症は遊行する疫病神がもたらすものと信じられてきた。邪悪な作用を本務とする疫病神は、可視化されるにあたって、このようなグロテスクな容姿で描写されることになった。

しかし、重要なのは、いかに忌み嫌われようとも、疫病神はどこまでも「神」だったことである。そのため、流行病を防ぐための対策は、疫病神を敵とみなして叩き潰すのではなく、手厚くもてなして、気持ちよくお帰りいただくという方法がとられることになった。[*4]

疫病を防ぐために、古代や中世では道饗(みちあえ)の祭、四角四境祭(しかくしきょうのまつり)などの祭祀が行われた。その趣旨は、いずれも国郡の境界にあたる道路上で疫病神をもてなし、満足して引き返してもらうことにあった。平安時代の京都では、疫病を鎮めるための祭りとして「やすらい花」が開催されたが、これもことの起こりは、病をもたらす霊を鎮めるためであったとされる。

ときに、より強力な善神や仏法の力を借りて、疫神を退散させるという方法が用いられること

『融通念仏縁起』に描かれた疫神（米国クリーブランド美術館蔵）

覗き込む疫神『春日権現験記絵』（宮内庁三の丸尚蔵館蔵）

はあった。だが、基本的に、力ずくで退治するという手段は論外だった。疫病神は敬意を払うべき存在ではあっても、人が正面から立ち向かうような相手ではなかった。人の健康に有害なウイルスや菌を人類の敵と見なし、その根絶を目論むようになるのは、近代になってからの現象だったのである。

この変化の背後に、感染症に対するどのような認識の変化があったのだろうか。

死と向き合う日常

現代の日本に住む私たちは、よほど運が悪くない限り、平均寿命前後の歳まで生きることを当然のことと考えている。しかし、こうした認識は戦後になって定着したものだった。少し時代を遡れば、人は明日の命もわからない無常の人生を過ごしていた。生まれ落ちた瞬間から、櫛の歯が欠けるようにこの世から人が消えていく時代が、長く続いてきたのである。

中世以前の社会は、大多数の人びとが、安定して継承されていく「イエ」をまだ形成できない時代だった。天皇家や貴族、上層の武家などの支配層ではイエが確立していたが、未熟な農業技術と低い生産性に規定されて、庶民層の土地への定着と安定したイエの形成は進んでいなかった。

そのためひとたび疫病や飢饉(ききん)が勃発すると、悲惨な状況が現出した。いつ命を落とすかもわからない危険と隣り合わせの日々であるからこそ、死後の運命は重要だった。死者の救済を説く浄土信仰の定着は、そうした不安定な社会状況を背景としたものだったのである。

江戸時代になると、幕府の政策によって、自作農の創出と土地への緊縛が促進された。先祖から子孫へと継承されるべき「イエ」の観念が、実態に裏打ちされてしだいに庶民層にまで広がっていった。世代を超えて死者を安定的に供養できるだけの社会的基盤が、列島全域で整っていくのである。

しかし、それがただちに災害による大量死の根絶につながることはなかった。江戸時代に、人が生命を失う最大の原因は飢饉だった。東日本では飢饉は冷害からはじまった。一八世紀後半の天明の大飢饉のときには、これに浅間山の噴火が加わった。寒波と空を覆う噴煙の影響が重なって記録的な冷夏となり、作物の収穫は激減した。

人はただ生存するために、あらゆる努力を傾けた。口にできるものは、野草から樹木の皮まですべて食べ尽くした。馬や牛などの家畜はもちろん、犬猫までが食料となった。人肉に手を出した人びともいた。

その一方で、口減らしのために、弱者の淘汰（とうた）が行われた。「間引き」と呼ばれる赤子殺しや人身売買が行われた。この列島に、かつて命の選別が日常的に行われるような時代があったのである。

健康な体であれば心配する必要のない感染症も、抵抗力を失った身体では防ぐことは不可能

間引き絵馬（利根町教育委員会蔵）

だった。飢饉に襲われた地域では、必ずといってよいほど疫病の流行が伴った。人びとは、そうした病をもたらし命を奪うものたちを、「神」と規定するのである。

なぜ神なのだろうか。前近代の社会では、人生はこの世だけで完結することはなかった。死後世界の観念は時代によって変化しても、生と死の世界はつながっていた。いつ命を落とすかわからない不安定な時代であるからこそ、死後の命運はきわめて重要だった。生と死、二つの世界を媒介する役割を担っていたのが、人間を超えた存在＝「カミ」だったのである。

聖徳太子が浄土への案内人として位置づけられていたことを想起してほしい。聖徳太子はこの世とあの世をつなぐカミだった。疫病神もまた、生の世界と死の世界を仲立ちするカミだったのである。

かつて人びとは、疫病などで命を落とすことを単なる偶然やたまたまの不運と捉えるのではなく、カミの意思と考えることで、その死を意味づけようとした。繰り返される生と死の循環のなかに今生の死を位置づけ、そこにカミを介在させることによって、せめて次生でのあり方が少しでもよい方向に転換することを願ったのである。

こうした発想は、感染症に対する科学的な知見が共有される現代社会では、もはや受け入れられることはない。コロナウイルスは戦って撲滅する対象ではあっても、敬意を払おうとする人は誰もいない。これが、疫病神がカミとしての地位を失った結果なのである。

コロナウイルスは成仏できるか

山形県を中心とする東北地方には、「草木塔（そうもくとう）」あるいは「草木供養塔」と呼ばれるジャンルに属する石塔を数多く見ることができる。[*5] これは山で仕事をする人びとが、切り倒した草木に感謝し、その霊を慰めるために立てたものだった。

日本には草木供養塔以外にも、「鰻塚（うなぎづか）」「虫塚」「実験動物慰霊碑」など、人以外の生物・無生物を慰霊するためのたくさんのモニュメントがある。長く働いてくれた針に感謝する「針供養」なども、同様の発想に基づくものといえるだろう。しかし、私たちが当たり前のこととして受け入れているこうした風習も、世界を見渡したとき、決してどこにでもあるものではなかった。

なぜ日本に限ってこうした現象が顕著にみられるのだろうか。草木供養塔には、しばしば「草木国土悉皆成仏」という言葉が刻まれている。人間だけでなく、この世のあらゆる存在に成仏の可能性を認めるこの表現は、平安時代の仏教者、安然の著作に初めて現れるものである。[*6] 室町時代に入ると、能の台詞などで頻繁に用いられるようになる。草木供養塔の背景には、草木はもちろん、命をもたないと考えられている石ころの一つひとつにまで霊魂の内在を認める思想があったのである。

草木供養塔

「草木国土悉皆成仏」の立場からすれば、ウイルスも当然のことながら霊を内に秘めた存在ということになる。成仏の可能性が認められていいはずである。実際にそう考えるべきなのだろうか。ウイルスが「成仏」できるとすれば、それはこの現代社会でどのような意味をもっているのだろうか。

いま人類はコロナウイルスとの全面戦争に突入し、その撲滅をめざしている。しかし、一歩退いて考えてみよう。私たち人間はコロナウイルスを非難できるような立派な存在なのだろうか。

いま人間の生活が環境に与えた影響によって、世界各地で異常気象が相次いでいる。廃棄されたプラスチックによる汚染は、全世界に広がっている。平成二三年（二〇一一）の東日本大震災がもたらした福島第一原子力発電所の事故は、人類がみずからを滅ぼすだけの力を手に入れたことをまざまざと見せつけるものだった。

　人間はといえば、こうした地球規模の危機に力を合わせて対応するどころか、人種・宗教・国籍を口実にした対立はますますエスカレートしている。私自身を振り返ってみても、どれほど地球に負荷をかけるかわかっていながら、いまの便利で快適な生活を手放すことができない。この地球にとってもっとも危険な存在は、じつは人類そのものなのではなかろうか。

　ときに命を奪われるケースがあっても、人はウイルスや菌なくして、いっときも生きながらえることはできない。この地球上での歴史は、人類よりもウイルスのほうがはるかに長いのである。ウイルスだけではない。この地球上の無数の生物・無生物があって、初めて人類も生存することができるのである。

「草木国土悉皆成仏」とは、万物と人との秩序ある共生の大切さを説く思想だった。[*7] こうした視点からみるとき、コロナウイルスの蔓延（まんえん）は、特権的な地位にあぐらをかき、地球そのものを滅亡の危機に晒（さら）している人類に対する、共棲者（きょうせいしゃ）からの厳しい警告のサインと捉えることはできないだろうか。

　私たちはウイルスを不倶戴天（ふぐたいてん）の仇敵（きゅうてき）としてのみ捉えるのではなく、ときにはそれが発するメッセージに謙虚に耳を傾けてみることも必要なのではないか。それが流行病を神の仕業と見なし、万物に聖なる命を見いだそうとした、過去の人びとの知恵に学ぼうとする姿勢であるように思われるのである。

おわりに

かつてこの列島には、可視・不可視を問わず、さまざまなものたちが私たちに語りかけてくる時代があった。聖徳太子や神仏のような聖なる存在だけではない。『日本書紀』の「草木ことごとくによくものいう」(巻二)という言葉が示すように、動物から草木、果ては感染症をもたらすものたちまでが、生き生きと活動して、私たちに向かって言葉を発した。それはこの世界を、人類が森羅万象と分かち合っているという感覚の共有にほかならなかった。

人はそれらの存在を「カミ」として尊重した。ときにそれらが暴走して、人に害をなすことがあっても、決して忌避できない同居者として共生する知恵を身につけていた。「草木国土悉皆成仏」の思想も、感染症をもたらすものたちを「神」として尊重する立場も、その源はそうした発想に根ざしていた。

いま聖徳太子や神仏が私たちに向かって言葉を発することはない。草木も口を閉ざしてしまった。その原因は、それらが人に語りかけることをやめたからではない。私たちがその声に耳を傾ける努力を放棄してしまったことにある。人が万物の発するメッセージを聞き取る力を失ってしまった結果なのである。

それは、人間がこの世界の主役であるという近代的な世界観の台頭と密接に関わる現象だった。それはまた、人がこの世界を他の無数のものたちと分かち合っているという感覚の喪失と、表裏をなす出来事だった。人類は地球における唯一の特権的存在と化し、その傍若無人の振る舞いを抑止するものは何もなくなってしまった。

今日、人は森羅万象だけでなく、隣人の言葉にすら耳を傾けない時代に入ってしまったようにみえる。国境や民族や宗教の境界を超えて、言葉が届かないのである。他者のメッセージを聞き取ろうとしないのである。いま私たちを取り巻く空間を支配しているのは、連帯と共感を求める心ではなく、拒絶と憎しみの感情である。

昔のような、人と森羅万象との対話の時代を再現することは、現実的には不可能である。けれども、私たちを取り巻くものたちが発する言葉に、謙虚に耳を傾けることはできる。

コロナウイルスたちは、いま人類にどんなメッセージを届けようとしているのであろうか。せめて、それを読み解くための努力をしてみたい。私たちの周囲にある小さなカミたちの眼差しを感じ取れるような、そんな日常を取り戻してみたい。

閉塞感に満ちた現状を超えた何か新しい地平が、そこから見えてくるのではないだろうか。

［註］

1 吉田一彦編『変貌する聖徳太子——日本人は聖徳太子をどのように信仰してきたか』（平凡社、二〇一一年）。
2 西谷地晴美編著『気候危機と人文学』（かもがわ出版、二〇二〇年）。
3 佐藤弘夫『死者のゆくえ』（岩田書院、二〇〇八年）。
4 谷口美樹「平安貴族の疾病認識と治療法」（『日本史研究』三六四、一九九二年）。
5 菊地和博「江戸時代建立の草木塔の考察」（『東北文教大学・東北文教大学短期大学部紀要』五、二〇一五年）。
6 末木文美士『草木成仏の思想』（サンガ、二〇一五年）。
7 梅原猛「アニミズム再考」（『日本研究：国際日本文化研究センター紀要』一、一九八九年）。

奈良女子大学
KeiHanNa
けいはんな講座
00

日本仏教史における聖徳太子の位置

斉藤恵美

はじめに

私事からはじめて恐縮であるが、大学院から仏教についての研究をはじめた。大学で歴史を学びはじめたころは仏教になんの興味もなかったのだが、それなりに研究が進み、歴史を考え構造的にみる段階になったとき、宗教とは何か、とくに日本史においては神祇祭祀と仏教について、それらはそもそも何なのかを読み解く必要があると思いはじめた。その理由は、歴史的転機には宗教が関係する場面が多々あり、人びとが物事の意思決定の拠所（よりどころ）のひとつに神や仏を置くという精神構造が存在するためである。なぜ神や仏が意思決定の拠所となるのであろうか。このような精神構造がなぜ形成されたのであろうか。それを解くために、神祇祭祀とは何か、仏教とは何かを改めて考え、歴史の流れのなかでこの精神構造が形成される理由を顧慮してみることにしたのである。

仏教についての研究からはじめたのは、経典や論書が多数存在するため、宗教初心者の自分でも、思想形成や変容の推移を追うことが可能だからである。仏教は紀元前六世紀から前五世紀頃にインドで釈尊によって開かれ、中国や朝鮮を経て六世紀半ばに日本に伝わった。その過程から、仏教自体のもつ本質的な部分とはどういったものか、またそのなかのどのような要素が解釈され拡散していくのかをみることで、各々の社会における仏教受容の歴史的意義について読み解くことができるのではないかと考えたのだ。

日本における仏教受容の起点は、『日本書紀』によると欽明天皇一三年（五五二）の仏教公伝であった。仏法というのは非常に難解だが、仏の教えを信じ従えば、計り知れない大きな善行とそれによる善い結果が生まれ、そしてこの上ない智慧（ちえ）を獲得できるとして、釈迦仏の金銅像・礼拝用の仏具・経典が百済の聖明王から使者を通じて献上されたという。[*1]

しかしその本格的な導入は、この公伝から約四〇年後の推古天皇二年（五九四）に天皇の詔を受けた聖徳太子[*2]と蘇我馬子が行った仏教興隆まで待つことになる。この約四〇年は、仏教導入の可否をめぐり群臣のあいだで論争がなされたのだが、物部氏を中心とした廃仏派が蘇我氏の率いる崇仏派に討たれたことで、最終的に仏教を容れることに決着した。これを受けて、六世紀後期から七世紀初頭の推古天皇の時代、聖徳太子は次期天皇となる皇太子として、さまざまな政策を行ったのである。では仏教導入と太子の政策は、どういった構造の上に成立していたのであろうか。その奥にはどのような理念や思想があったのだろうか。
日本の社会における仏教受容の意義を考えるにあたり、太子の理念や思想を崇仏論争の意味や太子の政策をもとに考えてみたい。[*3]

崇仏論争の争点——神祇祭祀を行う王の限界

推古天皇の時代の聖徳太子の政策の前段階にあった仏教導入をめぐる崇仏論争とは、いったい何だったのであろうか。太子の政治理念をみるためには、この崇仏論争の争点を明確化する必要がある。その争点から、仏教を導入する狙いがどこにあったのかを考えていく。

崇仏論争は、仏教が百済の聖明王の使者から伝えられた際、欽明天皇が自身単独で決定できないとして礼拝の是非を群臣に問うたことからはじまった。天皇の問いに対して、蘇我氏は諸国にならいこれを容れるべきだとし、物部・中臣氏は王たる天皇は自国の神祇祭祀のみを行うべきだとしたのである。つまり争われたのは、仏を礼拝するか、それとも神のみをまつるかということで、天皇が拝する対象をどこに置くのかが問題の焦点であった。

では、天皇の拝する対象が変わる意味とは何であろうか。結論から述べると、それは王としての天皇のあり方そのものが変化するということであった。

物部氏の主張した王としての天皇が神祇祭祀を行うというのは、国家の成立と深い関係があると考えられる。国家の成立と王の誕生、その王が行う神祇祭祀について以下にみていく。

人間は食料を他者に依存し、備蓄・保存が可能な穀物生産がはじまったことで食料の安定的なやり取りがなされ、食料を自給しない定住が可能な分業社会を形成した。しかしこの分業社会は、災害などを原因とした不作による飢饉(ききん)から生じる大量死という問題を抱えており、その対策として農業を管理し穀物を補塡する装置として生み出されたのが国家なのだという。[*4]

人びとが安定して食料を手に入れ、社会を維持していくためには、常日ごろから食料を備蓄・確保する体制を整え、租税の賦課を通じて富む者から貧しい者への富の再分配を行う構造を築くことが求められた。しかし農業の生産管理は労苦に満ちた「賢」や「徳」とされる禁欲的な行為であるため、それを行う能力を有した者が必要となる。そこでその能力をもつ者を王として頂点に据えた国家形成がめざされたのだ。そのためには「国の本」に農業を置き、農民という身分を構築するという農本主義的イデオロギーを確立する必要があった。とくに王は血統によって他から超越した存在でなくてはならなかったため、世襲王制の確立が急がれたのだという。[*5]その際、王の血統を保障する存在として設定されたのが始祖神であったと考える。王は始祖神の祭祀により農業の生産管理を司る禁欲の王であることを示したのだ。[*6]

また実際の災厄に対しては、諸現象の背後にあるとされた神々の秩序を回復するために自然神の祭祀が行われた。[*7]

つまり王である天皇の神祇祭祀とは、災厄を引き起こす存在である神々の秩序を維持・回復するための自然神への祭祀と、災厄の結果起こる飢饉を防ぐため、農業の生産管理者として民を生かす方途へと導く王であることを示すための始祖神への祭祀であり、国の安定を目的として行われたのである。これが物部氏の主張した王としての天皇のあり方と神祇祭祀の意味であった。

農本主義と世襲王制の確立のために生み出された身分制は、血統による家職化を成立させ、氏姓制度が編成された。しかしこれが王と国のあり方を揺るがすこととなった。家職化は、経験の集積によって承認される慣習を生み、それが氏族の行動原理の規範・正義となっていった。つまり氏族の数だけ慣習が存在し、規範・正義が乱立する状況となってしまったのである。本来、王は国の安定のため、自身の利益を捨て適所に適材を配する能力を有する必要がある。しかし能力は遺伝しない。そのため無能な者が王になると、乱立する規範・正義をまとめきれない状況となる。また氏族も自身の有益になるよう動くため、王は一貫した方針を示すことができず、国の経営も不安定にならざるをえないのだ。

こうした状況に対し、王の有徳性を実務面としてではなく、内面的に保障する言説を構築するなど、世襲王制を維持しながら王の能力を保障する方法の模索がなされた。[*8] そこでめざされたのは、規範を提示し、国家の方針を統一できる絶対的な王の姿であった。

仏教興隆——新たな王の創出

王である天皇の新たな姿が模索されるなかで、仏教導入の問題が持ち上がり、崇仏論争が起きた。この論争の争点は、先にみたように王としての天皇のあり方を問うことにあり、廃仏派の主張は大きな変化を求めずに現状を維持すべきだというものであった。そこで試みに蘇我氏に仏教を信仰させるという形をとることで、欽明天皇は自身の仏教信仰を保留したのである。

ところがその後、国内で疫病が流行し多くの人が死んだ。この疫病の原因は蘇我氏の仏教信仰にあるという物部・中臣氏の主張が通り、初動対策として廃仏が行われたのだが、その方法では疫病の蔓延（まんえん）を抑えきれず、国の民が絶え果てるほど死ぬ事態となってしまった。こうした国家の危機に直面したことによって、神祇祭祀を行うという従来の王のあり方の脆弱（ぜいじゃく）性が露呈し、新たな王の創出が急務となったのである。そこで採用された方法が、王権の仏教受容であった。こうした危機に見舞われるなか、用明天皇は方針を転換して仏教に帰依するのだが、それを機に疫病は収束に向かっていくのである。

模索された新たな王とは、規範を提示し国家の方針を統一できる絶対的な王であった。そうした王の創出を可能にしたのが王権の仏教受容だったのは、仏教が世界のあり方のすべてを知る、社会全体のありようを知るという全知性を獲得する教えであったためである。

仏教の説く全知性について具体的にみていこう。仏教を開いた釈尊の見いだした全知性とは、この世界を構成するあらゆるものの存在のあり方——真理としての法、人間がどのような存在であり、いかにしてさまざまなものと関係しているのかということ——をわかることで、そしてその体得により、人生の苦しみや迷いの生存である輪廻を断ち切れるのだとした。釈尊はこの真理としての法を悟って仏陀（真理に目覚めた人）となったのである。そして全知性獲得のための方法と実践を示し、人間の生きるべき道を明らかにした。[*9]

その後、紀元前三世紀頃に起きた伝統的保守的仏教・部派仏教（いわゆる小乗仏教）の信徒によって、釈尊の全知性の獲得（悟り）は通常の人間の限界を超えた絶対的・超越的なものであるとされた。彼らは認識・作用によりあらわれ消滅する世界の背後には、法である恒常な実体の世界があるとし、[*10]釈尊が悟りを得て現世において仏陀になったのは、その肉体の奥底にこのような恒常性をもつ特別な存在であり、そうした特別な存在が過去世に何度も生まれ変わりながら、そのつど大いなる善行を積んだ結果であると考えた。つまり釈尊の教法や功徳も恒常なのだが、無仏の時代に生きる仏教徒たちは直接それに触れえず、全知性を獲得することはできないとされたのである。そのため、彼らはそれを諦め、自身の苦を滅することを目標に、輪廻からの離脱をめざして修行した。

このような個人の能力の限界から全知性の獲得は絶対的・超越的なものとした小乗仏教の思想に対して、全知性とは個人的なものではなく、個人の営みの集積だとしたのが大乗仏教の思想であった。大乗仏教徒にとって全知性とは、長大な時間を経て積み重ねられた経験と知識の集成であり、他者と関わり合いながら成立する社会全体をあらわすもので、全知性の獲得とは社会全体の苦しみの消滅を意味していた。それゆえ、釈尊が輪廻を繰り返しながら行った慈悲業の実践（菩薩業）を続けることで、釈尊と同じ悟りによる全知性を獲得し、みずからも仏陀になれるとしたのである。こうした考え方から、釈尊のみではなく過去・現在・未来にわたり他方の世界に同時に多くの仏（仏陀）が存在するという思想が生まれた。これらの仏は、個々の営みの集積として、個人の肉体を超えた恒常である法を体現しており、人びとを導く存在として捉えられたのである。そのような過程で、釈尊の教えは、世界を構成するすべての存在のあり方そのものである法を知り、その全知性を体現する仏の言葉として遺され、真実の言葉として僧により語り継がれていった。

王権の仏教受容は、途方もなく長い時間のなかで積み上げられた全知性を背景とすることによって、規範・正義が乱立する状況から脱却し、王の行いこそが正しいというのを示すことにあった。こうした新たな王としての天皇のあり方を中心とした体制へと舵を切る契機となったのは、用明天皇の没後に起きた皇位継承争いであった。諸皇子・群臣の多くに支持された蘇我馬子が物部守屋を滅ぼすことができたのは、戦いの最中に聖徳太子とともに仏法の守護神に戦勝祈願をし、仏の加護を受けたためであった。仏の加護を得るとは、その行為の正しさが証明されたのを意味しており、現状維持を掲げる廃仏派を武力行使によって掃討するのは正義の行動と評価され、新たな体制の構築を推し進めることとなったのである。こうして崇仏論争は決着し、絶対的な王の創出をめざして推古天皇の時代に仏教興隆政策がなされたのだ。

この政策は仏教帰依を前提としているが、それは絶対的な王を保障するとともに、王の行為の正しさを承認する臣下を創り出すことを企図していた。前述のように、仏教の全知性の獲得の目的は社会全体の苦しみの消滅であり、仏はそのために絶対的な正しさをもたらす存在であった。その仏という同じ対象を信仰することで、同じ目的の下に、王は仏の全知性を背景に行動し、臣下はそれを承認して従うという構造を築くことがめざされたのである。そのためには、優れた資質をもつ人物が王になる必要があった。そこで選ばれたのが聖徳太子だったのではないだろうか。超人的な形容がなされる太子は、次の天皇として仏教の全知性を背負う絶対的な王となる人物と考えられていたのである。そしてこの構造は、臣下が氏族の慣習・正義に依らず、王権に直接仕え、官職を全うする官人となる体制をとることによって成立するとして、官人を創り出す取り組みがなされたのだ。

十七条憲法――立法者の誕生

しかしながら、まだ大きな問題が残っていた。絶対的であるはずの王が決定したとしてもうまくいかない場合があるということと、能力は遺伝しないということである。

推古天皇一〇年（六〇二）二月に任那（みまな）復興のため、太子の同母弟である来目皇子（くめのみこ）が征新羅大将軍に任命され、四月に筑紫に到着した。しかし皇子は病に臥（ふ）し、そのまま筑紫にて亡くなってしまった。この事態に対し、翌年来目皇子の兄である当麻皇子（たいまのおうじ）が征新羅将軍に立てられ、播磨まで進軍した。ところがそこで従っていた妻が突然死んでしまったため、皇子は引き返し、新羅討伐はならなかったのである。

来目皇子の死という如何（いかん）ともしがたい事態に引き続き、当麻皇子が妻の死という私事を優先することによって、王の決定は遂行されなかった。つまり早くも新たな体制が機能しない可能性が出てきたのである。仏教の全知性の獲得を背景としても、所詮それは王の内側から出てきたものではないため、仏教帰依によって王の絶対性は保証されず、また臣下に対して王と同じ意識をもち行動するというのを求めるのは、現実的には不可能であった。すなわち、実際の能力の有無を問わず、絶対的な王として皇位を継ぐための条件を仏教帰依だけに置くことはできないことが明らかになったのである。では、どうすればいいのだろうか。その一つの答えとして出されたのが、推古天皇一二年（六〇四）の太子の十七条憲法作成だったのではないだろうか。

十七条憲法の第一条には、人が社会を維持していく方法が次のように提示されている。

一曰、以レ和為レ貴、無レ忤為レ宗。人皆有レ党。亦少二達者一。是以、或不レ順二君父一。乍違二于隣里一。然上和下睦、諧二於論一レ事、則事理自通。何事不レ成。

まず人というのは、徒党を組んで君主や父に従わずに争いを起こすもので、それは物事の道理に通達した人が少ないためだとする。こうした争いを起こさなくするためには、上下の者が和諧して話し合うことが必要であり、それによって事理が通じ、何事も成るというのだ。こうしたあり方が可能となるのは、

十五曰、背レ私向レ公、是臣之道矣。凡人有レ私必有レ恨。有レ憾必非レ同。非レ同則以レ私妨レ公。憾起則違レ制害レ法。故初章云、上下和諧、其亦是情歟。

「私」を抑えて「公」に向かって進み、法や制度を順守する臣下を人びとの上に置く必要があるとする。法は行動や判断・評価などの拠所(よりどころ)となる基準や原理である規範に則って定められ、道理として善悪や是非を決めるものである。そもそも人は皆「私」をもつ存在であり、その「私」が増長しうらみへと転換することによって争いが起こり社会は破綻する。しかし「私」を相対化する法という判断・評価基準をもつ臣下が、道理に暗い人びとの声に耳を傾け、話し合って彼らの

主張するところが法に敵うか質して、それに反していれば法の示す正しい方向に導くことで、社会はおのずと良くなるというのである。そしてこうした構造を実現するには、法の根幹となる規範を示す絶対的な存在が必要であった。それが「聖（ひじり）」である。

この「聖」とは、是非の理を定めて[*11]「国家永久」「社稷（しゃしょく）」の安泰をもたらす者[*12]とされているが、それはつまり、この十七条憲法を制定した聖徳太子自身のことではないだろうか。太子が「聖」として絶対的な存在になるというのは、血肉の通った人間でありながら仏そのものになるのを意味していた。そうなることで、太子の示す規範は絶対的正しさをもち、それゆえ立法者として法の制定が可能となったのだと考える。十七条憲法が馬子と共同ではなく、太子一人によってつくられたとされるのもそのためなのであろう。そしてその規範は絶対的に正しいため、決して覆らないものであった。だから「聖」は一〇〇〇年に一度国を治めるために出現するとされたのだ[*13]。

そうであるから仏教に帰依することは、太子に帰依することと同じ意味をもった。よって十七条憲法では第二条に仏教帰依を説くのである[*14]。そして太子の示した規範を継ぐことが天皇の条件となった。天皇は絶対的な太子の遺した法に則り詔を出すため、自身の能力の有無は問題にならなくなったのである。天皇の詔に謹んで従うよう第三条で述べられるのは[*15]、「私」をもつ人びとによって構成される社会において、「私」の暴走を止める「公」がそこにはあるからなのだ。

推古天皇一五年（六〇七）、天皇は世を治めるために神祇祭祀を行う詔を出した。これは天皇という存在が聖徳太子の示す「公」を継ぐ血統であり、群臣もそれを承認することを確認するために行われたのだと考える。十七条憲法が実際に施行されたとはいえないにしろ、この詔は太子の理念・思想に推古天皇が同意したことにより出されたのだ。その前年に太子は天皇の前で『勝鬘経』と『法華経』を講じており、そこで天皇は太子の理念・思想を理解したのではないだろうか。

太子の仏教理解――人びとと仏

では、推古天皇一四年（六〇六）に聖徳太子が『勝鬘経』と『法華経』を講じた内容とは、どのようなものだったのだろうか。直接その内容を伝えるものはないが、『法華経』『勝鬘経』『維摩経』の注釈書である三経義疏が聖徳太子の撰述として伝わる。[*16] これらは実際に太子の作か否かの決着をみない史料であるが、それが太子の作として認識され伝えられるということは、実際太子の筆であるか否かにかかわらず、それが太子の思想を反映した当時の仏教的解釈であり、太子の唱えた仏教のあり方として捉えられていたのは間違いないといえる。[*17] よって太子が推古天皇に講義のなかで語った理念・思想をこの内容からみていく。[*18]

まず『法華経』であるが、この経典はいっさいの衆生を仏の悟りに導くための大乗の教え（一乗）こそが真実であると説く。二乗（縁覚）や三乗（声聞）という小乗仏教の教えは、釈尊が人びとの理解に合わせて順次説いた教え（方便）であって、それらはすべて人びとがこの真実の教えを理解するためのものだという。そしてこの大乗の教えの真実性の証明を、釈尊という歴史的に一度登場した存在の言葉ではなく、釈尊が悟ったのはじつは遠い昔のことで、生き死にを超え、そこから無限に近い時間を獲得した存在の言葉なのだということに置く。この久遠の仏はその長い時間のなかで、方便も真実の教えも悟りに至るための教えとして人びとに示し続けているのだ。そして人びとはそれを信じ理解しながら、とてつもなく長い時間をかけて輪廻(りんね)を繰り返し菩薩行を積むことで、全知性を獲得し仏の悟りを得るというのである。このように『法華経』は、人は段階を踏んで、果てしなく長い時間はかかるが、やがて悟りを得ることができるとする。そしてその根拠として久遠の仏の存在を挙げ、その仏がさまざまに教えを示すと説くのだ。

しかし時間の経過が人の全知性獲得を可能にするとはいっても、それは単純なものではなかった。太子が注釈したとされる『法華義疏』では、最終的に人は悟るとしながらも、その過程がいかに困難であるかを記す。

但衆生宿殖善微。神闇根鈍。以五濁障於大機。六弊掩其慧眼。卒不可聞一乗因果之大理。所以如来。随時所宜。初就鹿苑。開三乗之別疏。使感各趣之近果。従此以来。雖復平説無相勧同修。或明中道而褒貶。猶明三因別果之相養育物機。於是衆生。歴年累月。蒙教修行。漸漸益解。至於王城始発一大乗機。称会如来出世之大意。是以如来。即動万徳之厳軀。開真金之妙口。広明万善同帰之理。使得莫二之大果。[*19]

仏が大乗の真実の教えをすぐに説かなかったのは、人びとの中にある前世からの善の種子が微かであり、精神は暗く覆われ、教えを聞く能力が鈍い状態であったためである。このように人びとが大乗の教えを受け入れる状態である「大機」でないのは、「五濁」によって遮られることで、六種の悪心（慳貪・破戒・瞋恚・懈怠・散乱・愚痴）が智慧の眼を覆い隠すためなのだという。そこで仏は時宜にしたがって順次に教えを説き、人びとの「機」を養育し、最終的には人びとが大乗の教えを受け入れる状態（一大乗機）を発したため、真実の教えを説いたのである。

このように仏が教えの程度を変える要因は、人びとの「機」にあった。[*20] この「機」とは、「且機是但物自起。不可以仏語為会。且此機随時即廃。雖会不会。何為即[*21]」と、人がみずから起こすもので、仏の語によるのではなく、時にしたがって変化するものであるとされる。つまり「機」自体に仏は働きかけることはできないのだ。

そしてこの「機」を遮るものとして挙げられる「五濁」とは、

五濁者。一劫濁。二煩悩濁。三衆生濁。四見濁。五命濁。濁者濁乱為義。十使之中。五鈍使当煩濁。五利使当見濁。此二是濁之正体。其余三濁。相従得名。見濁煩悩濁是因濁。命濁是果報濁。衆生濁是行因得果報濁。但劫濁更無別体。只是時節。但因四種濁。仍名為劫濁也[*22]。

五つの濁り乱れで、時節の「劫濁（こうじょく）」・煩悩の「煩悩濁」・人間の心身の「衆生濁（しゅじょうじょく）」・真理を誤認することなどから生じる「見濁（けんじょく）」・生死の「命濁（みょうじょく）」をいう。煩悩濁と見濁は「濁」の正体で、残りの三つはそれに従うものとされる。正体の二濁を原因として命濁が生じ、二濁を行じることの果報として衆生濁が生じる。劫濁は時節であり、別体であるが、この四つの濁に因るものだという。つまり「五濁」とは人間の迷いを生起する外的要因であり、人のあり方を規定するものなのだ。

「機」はこうした外的要因によって変化する人間の性質であった。そして仏はこの「機」に沿って教えを展開し、人びとが大乗の教えを受け入れる「機」を発することで大乗の教えを説くのである。しかし人びとが「大機」を発し、大乗の教えが説かれても、それがそのまま悟りに至るコースに乗ることを意味しているのではなかった。

言如来従衆生失大乗以来。恒覓大機而不得。又見失大乗解即為五濁所惛。起慈弥深。（中略）

言衆生失大乗解侄離五道而背仏。理非永絶猶有感仏出世之機。即如上子理非永背其父。遊行不已遂到其父所止之城[*23]。

これは「信解品（しんげぼん）」の長者（＝仏）窮子（ぐうじ）（＝人びと）の譬喩（ひゆ）における父と子の再会部分に釈を付けたものである。やがて大乗の教えを説く仏の出生を人びとが感じる状態の「機」になるのは、じつははるか昔にすでに人びとが大乗の教えを受けていたからであった。はるか昔、「機」が熟して人びとは大乗の解を得たのだが、何度も生を繰り返すあいだに五濁の障りによってその解は失われてしまったのである。このように過去に真実に触れても、外的要因によって人間は容易に変質してしまうため、一度切り「大機」を発する状態になればよいのではなく、何度でもそれを繰り返さなくてはいけないのだ。

太子はこの「機」という性質から、人間というのはほかからの作用により容易に変質する存在であり、自身の中に確固とした正しさをもつものではないと考えていたのではないだろうか。そのため人びとは自己規律的に社会を構築していくことができず、正しさを示す者から常に教え導かれる必要があった。その正しさを示す者とは、経典においては仏である。その仏と同じ言説を現実の社会において人びとに示す存在が求められたのだ。

そうした存在をどう置くのかに答えたのが『勝鬘経義疏』での勝鬘夫人（しょうまんぶにん）の描き方であったと考える。

『勝鬘経』とは波斯匿王の娘で在家の求道者である勝鬘夫人が、釈尊に代わって人びととの悟りの可能性である「如来蔵」について考究する大乗経典である。『勝鬘経義疏』は、菩薩の修行の階位である十地に沿って注釈がなされており、修行により階位が上がるとどういった境地が得られるのかが記されている。

そのなかで「摂受正法」という、全知性の獲得にほど近い境地を次のように述べる。

> 而今所須者。八地以上一念之中。備修万行之心為摂受。所修之行当理非邪故言正。為物軌則故言法。初地以上七地以還之行。実是真無漏故亦応言正。為物軌則故亦可称法。然但一念之中不能備修万行。亦未竝観。故猶不得摂受之名。[*24]

それは、心のわずかな働きのなかに、道理に適って人びとを導く万の行いを修めることができる境地で、八地以上の菩薩が完成するものである。初地から七地までの菩薩はまだこの段階にはないので、八地以上の菩薩のようにすべてを見通して人びとを教え導くことはできないとしている。

しかし、今仏の教えの神髄を説き起こそうとする勝鬘夫人の階位は七地であった。[*25] 八地以上の菩薩でない勝鬘夫人に、何故それが可能だったのだろうか。その答えとして、

承仏威神者。外形端粛曰威。内心難測曰神。而今承者。直是如来許己有説恣其所弁。[*26]

勝鬘夫人が仏の威神を承けたためであるという経文の「承」を、仏が勝鬘夫人に説くことをただちに許した[*27]（もしくは直接仏が勝鬘夫人に許した[*28]）と釈を付けたのである。勝鬘夫人は、仏によって見いだされて仏にまみえ、直接仏の言葉によって仏と同じ教えを説くことを許された存在となったのだ。つまり勝鬘夫人が仏の言説を語ることができたのは、仏が彼女の中に自身と同じ聖性を見いだしたためであり、それゆえ勝鬘夫人は仏と同じ存在となったのである。

太子は人でありながら仏である「聖」になる手立てを、勝鬘夫人のあり方の中に見つけたのではないだろうか。太子自身が「聖」として絶対的な存在であるのを示すためには、「聖」に見いだされる必要があったのである。しかし太子を「聖」であると見いだすような存在は、現実において誰一人としていなかった。この難題を残しながらも、太子は「聖」出現の論理を示したのではないだろうか。

以上のことから、聖徳太子が『法華経』と『勝鬘経』の講義において推古天皇に語った理念・思想とは、人は誰しも確固とした正しさを自分の中にもっておらず、「機」によって容易に変質するといった人間観と、社会の維持のためにそうした人びとを教え導く絶対的な存在が必要で、それは血肉の通った人間でなくてはならないというものであったと考える。

おわりににかえて——太子の理念・思想とそれ以降

仏教が公伝し、それを王権が受容した当初の目的は、規範・正義が乱立する状況から脱却するために、仏の全知性によって保障された絶対的な王の創出を可能にすることであった。仏教は個々人の心の拠所（よりどころ）としての信仰ではなく、王権の論理を担保するものとして導入されたのである。

しかし仏の全知性は王の絶対性を保障しえなかった。そこで人間の性質の根本はどこにあるのかを吟味し、それに対応し社会の破綻を防ぐ仕組みの構築が企図された。それにはさまざまな状況に対して判断の基軸となる絶対的な規範を示し仏教の全知性を体現する存在と、その規範を継ぐ天皇、その規範に従う官人が必要とされた。聖徳太子は立法者としてこの全知性を体現する存在となったのである。

そして太子は現実の人間に目を向けることで、「機」という人の変質性を「私」と捉えた。「機」は仏の教えや悟りへ近づくための努力も関係なく外的要因によって変化するものである以上、人の悟りは困難であった。そのため太子は、人の中に悟りの可能性を見いだすことよりも「私」を重くみたのである。そしてそういった性質が人間には必ずあることを弁えたうえで、人びとが共に生きることが可能な仕組みをつくる試みを行った。それが十七条憲法の作成だったのだ。第一条の「和」の精神は、「機」という性質を弁えることが社会維持のための第一歩だというのを示しているのである。こうして法による国家維持の体制の基礎が提示されたのだ。

太子のこの「機」という人間の変質性に重きを置いた仏教解釈と政策は、たった一人の人間の全知性の獲得を必要としていた。経典講義の際保留にしていたこの問題に対して、太子は発想を大きく転換したのではないだろうか。つまり自身を勝鬘夫人から仏の立場へと切り替えて、勝鬘夫人にあたる存在を見いだすことで、自分が「聖」であることの証明としたのである。

それが推古天皇二一年（六一三）の片岡遊行での飢人との邂逅である。太子は道すがら出会った飢人に飲食を与え、自身の着用していた衣裳を脱いで掛け与えた。翌日使者を遣ってその飢人の様子を見にいかせたところ、すでに死んでいたと報告を受けたため、墓をつくって埋葬した。数日後、太子は先日の飢人は凡人ではなく真人であろうと言い、使者を遣わして見にいかせた。するとその墓所は掘り起こされた形跡もないのに、中にあるはずの屍骨はなくなっており、太子の衣のみが畳んで棺の上に置いてあったという。太子はその衣を使者に取ってこさせ、通常どおり着用した。太子と飢人のこのやりとりを当時の人は「聖之知レ聖、其実哉[*29]」と評価し、ますます太子への畏敬の念を強めたという。

片岡で出会った飢人は、太子の施しと衣服によって生き死にを超えた存在となり、太子はそれを確認すると再び与えた衣をみずから着用したというのは、「聖」である太子が飢人を「聖」となる存在であると見抜き、飲食や自身の聖性の比喩ともとれる衣を与えて彼の人を「聖」という存在へと押し上げ、飢人が「聖」となったあとにその聖性を引き出した衣を再び身に着けることで、太子も飢人も共に「聖」なのだというのを示しているのではないだろうか。それを当時の人びとが承認したことによって、太子が「聖」であるのは不動となったのだ。

この太子が「聖」であるとの証明は、同時に、誰でも「聖」となることが可能な構造になっていた。太子に「聖」として見いだされたとの言説が創作され、世間がそれを納得すれば、誰でも「聖」になれるのである。

これは太子の規範を継ぐ血統という天皇の意義を無化する恐れがあった。こうした危険性を排除しながらも、法による国家維持を揺るぎないものにすべく行われた改革が、大化の改新だったのではないだろうか。そこで編み出されたのが、規範の絶対性の根拠を太子という存在ではなく、天皇家の血統に置くという取り組みだったと考える。そして太子をも相対化し、天皇と官人による法治国家を確固とするための言説として天孫降臨神話が形成されたのだ。こうして天皇は、その身に流れる天神の血によって規範の絶対性を体現する存在――現神となったのである。そこから国家の安定も乱れも、すべての現象は天皇自身のあり方次第で決まるという思想が生まれた。こうした体制において、天皇の継ぐ規範の絶対性を保障するものとされていた仏教は、国家仏教として規範そのものとなる天皇と国家を護るものへと位置づけられていった。

しかしこの天皇が絶対的な規範を体現する存在となることにはやはり無理があった。それは血による能力の継承は無理であるとして、太子が「聖」となって一人で引き受けたことを、代々の天皇が背負わなくてならない状況からくる破綻であった。

こうした天皇のあり方に行き詰まりを感じ、それに異を唱えたのが聖武天皇である。相次ぐ内乱や災害、疫病によって、聖武天皇は自分の中に判断の根拠となる絶対的な規範の根源がないことに気づいた。混乱のなか、ただ自分が行ったのは神宮の修繕や仏像の造立であったが、それで万事は解決した。万事の成り行きは自分の判断を離れたところにあり、物事を決める意思は自分の中にはない。ではそれはどこにあるのか。聖武天皇は意思決定のありかは真理の法にあるとした。規範そのものである天皇と国をまもるものとして位置づけられていた仏教ではあったが、それこそが絶対的な真理――全知性を示すものとして、再び浮上してきたのである。

しかしすでに「聖」が否定されている状況において、人間の中に仏を創り出すことは不可能であった。そのためこの世界から隔絶した真理の法を現出させるには、法を体現する仏の言葉として伝える経典に従い行動するだけでなく、さまざまな人びとがみずから合意合力してよりよく生きる手立てを講じていくことにあるとしたのである。前者は国分寺・国分尼寺の建立として、後者は大仏造立として人びとに示された。もはやこの世界には単独で規範を示して法を制定できる人間は存在しないため、絶対的な存在の創出を人びとの総意のなかに見いだしたのである。

こうして天皇が人びとを律する規範を示すのを放棄したことによって、人びとの欲望が露呈しさまざまな問題が噴出した。そのような社会に対し、人びとの総意による絶対性創出のためには、まず個々人が自身の欲望煩悩を自覚する必要があるとしたのが最澄であった。なぜなら煩悩は他者と関わり共に生きる社会の必然であり、明確な煩悩の自覚はその社会をよくする利他の行為への動機となるためであった。彼は、本来この世界は関係性の上に成り立っている法身（絶対的な真理としてのあり方）であって、その一部である人びとも本来的には法身なのだから、人びとは法身の本性である仏性を有しているとした。そして人の煩悩の自覚は、この仏性――内なる仏（法身）――との対峙（たいじ）による内省によって可能となるのだとした。

それに対し、社会の混乱は時代のせいであって、絶対的な真理の法そのものである法身は常に正しい教えをあらわしているとしたのが空海であった。彼は真言で語るその絶対的な存在である仏の正しい教えをこの世界において感得するための、手に印を結び、口に真言を唱え、心に本尊を観念するという、認識可能な言語表現を介さない方法を提示した。真理としての法は隔絶してはいるが、そこにつながるための簡易な手段が存在することを示したのである。

こうして仏教は悟って仏になることをめざす本来のあり方から、本質的な悟りを求めないものへと変わっていったのである。以後日本で展開する仏教は、基本的にこの本質的な悟りを求めないあり方を土台にして解釈され、受容されていく。

一方、律令国家形成の過程で国家仏教化とは違う形で進展した仏教のなかに、絶対的存在としての聖徳太子の姿は残存していたと考える。そうであるから聖徳太子は、全知性を体現した王であり、社会全体の苦しみを消滅させるために現れた菩薩であるとされ、太子信仰を通じて後世に語り継がれていったのである。

このような信仰のあり方は、全知性を体現する絶対的存在を前提とすることで、社会は「私」をもつ人びとによってつくられるという太子の思想・理念から形成された社会構造の上に成立しているのだ。

［註］

1 『日本書紀』欽明天皇十三年十月条。「是法於二諸法中一、最為二殊勝一、難レ解難レ入。周公・孔子、尚不レ能レ知。此法、能生二無レ量無レ辺福徳果報一、乃至成二辨無上菩提一。（中略）且夫遠自二天竺一、爰洎二三韓一、依レ教奉持、無レ不二尊敬一」。

2 「聖徳太子」という名称は、後世に聖徳太子という存在を信仰する太子信仰のなかでつくられたものだとされるが、そこで見いだされる太子の姿と、『日本書紀』で描かれるあり方の根源は同じだと考えている。そのため本稿では「聖徳太子」もしくは「太子」という名称を使用する。

3　本稿の試みは、『日本書紀』肯定論でも聖徳太子否定論、実在・実像論でもなく、歴史的構造のなかで聖徳太子という存在を捉えるならば、どのように考えることができるのかを解くということである。内容は拙稿「疫病と仏教導入とその日本化」（小路田泰直編著『疫病と日本史――コロナ禍のなかから』敬文舎、二〇二〇年）、「立法者としての聖徳太子」（西谷地晴美・西村さとみ・田中希生編『歴史学の感性』敬文舎、二〇二一年）と重複する部分も多いが、そこから変更し新たな考えも追加している。

4　村上麻佑子「飢饉・疫病と農業・貨幣の誕生」（小路田泰直編著『疫病と日本史――コロナ禍のなかから』敬文舎、二〇二〇年）。

5　小路田泰直編著『日本史論――黒潮と大和の地平から』（敬文舎、二〇一七年）。

6　天皇の神祇祭祀の基本的な仕組みが確立された契機は、崇神天皇の時代の人口の半数が死ぬという非常事態を引き起こした疫病の大流行であり、民を生かすために採用されたのではないかと考える。

7　当時、諸現象の背後には秩序立った神々の存在があるという二元的な世界観があったとされている（谷口美樹「転轍機としての空海」歴史と方法編集委員会編『歴史と方法1　日本史における公と私』青木書店、一九九六年）。佐藤弘夫氏によると、あらゆる神々が自らの意思を示すために起こす現象が「祟り」であり、よって古代における神は本質的に「祟り神」だという（佐藤弘夫『起請文の精神史――中世世界の神と仏』講談社選書メチエ、二〇〇六年）。背後世界の神の意志は現象世界に生きる人間には理解不能であり、ひとたび神々の秩序が乱れると、「祟り」として顕現し、災厄が引き起こされたのである。

8　農業の生産管理の統轄で支配者となることは、同時に住民の集合体である社会全体に対して仕える存在でもあったという。そのため天皇は、社会全体を表象する神――形の見えない抽象的な神・高皇産霊神――を創出し、仕えた。高皇産霊神は万物、当然人にも宿り、指示を与える万物創造主でもあり、そのような神に仕えるということは、創造主の指示に従うことを意味していたという（小路田泰直・田中希生編『私の天皇論』東京堂出版、二〇二〇年）。このような王のあり方は、雄略天皇の時代に確立されたという（前掲註5『日本史論——黒潮と大和の地平から』）。こうして天皇は、万物の創造主で社会全体を表象する神・高皇産霊神を内に宿す存在として、内面の有徳を保障された超越的な王となり、国家の規範を提示する存在となったのである。記紀によると、崇神天皇から応神天皇の時代は、国の範囲や統治システムの確定に向けて、血統による身分制を確立していく過程が描かれ、それに続く仁徳天皇は、農本主義国家の王として規範を示す姿が書かれる。しかし反正・允恭・安康天皇は、人心の賛同を得ることでかろうじて天皇たりえ、自身の行為の正しさを自分で証明することができないとして、能力の欠如による国家の混乱が書かれる。そのような混乱ののち即位した雄略天皇は、自身の生き写しである姿の葛城の一言主神と共に行動し、人びとから有徳の天皇だと称賛されたとある。一言主神は小路田氏によると、雄略天皇の内に宿る神の比喩だという。また別雷神・高皇産霊神も一言主神同様、内に宿る神として雄略天皇の時代に誕生したという。

9 『岩波仏教辞典』第二版「釈迦」「八正道」の項。

10 梶山雄一「インド仏教思想史——その発展の必然性について」（『梶山雄一著作集 第一巻 仏教思想史論』春秋社、二〇一二年、初出：『岩波講座・東洋思想第八巻 インド仏教 1』岩波書店、一九八八年）、中村元『龍樹』（講談社学術文庫、二〇〇二年）。

11 十七条憲法第十条「十曰、絶レ忿棄レ瞋、不レ怒二人違一。人皆有レ心。心各有レ執。彼是則我非。我是則彼非。我必非レ聖。彼必非レ愚。共是凡夫耳。是非之理、詎能可レ定。相共賢愚、如二鐶无一レ端。是以、彼人雖レ瞋、還恐二我失一。我独雖レ得、従レ衆同挙」。

12 十七条憲法第七条「七曰、人各有レ任。掌宜レ不レ濫。其賢哲任レ官、頌音則起。奸者有レ官、禍乱則繁。世少二生知一。剋念作レ聖。事無二大少一、得レ人必治。時無二急緩一。遇レ賢自寛。因レ此国家永久、社稷勿レ危。故古聖王、為レ官以求レ人、為レ人不レ求レ官」。

13 十七条憲法第十四条「十四曰、群臣百寮、無レ有二嫉妬一。我既嫉レ人、人亦嫉レ我。嫉妬之患、不レ知二其極一。所以、智勝二於己一則不レ悦。才優二於己一則嫉妬。是以、五百之乃今遇レ賢。千載以難レ待二一聖一。

其不㆑得㆓賢聖㆒。何以治㆑国」。

14 十七条憲法第二条「二曰、篤敬㆓三宝㆒。三宝者仏法僧也。則四生之終帰、万国之極宗。何世何人、非㆑貴㆓是法㆒。人鮮㆓尤悪㆒。能教従之。其不㆑帰㆓三宝㆒、何以直㆑枉」。

15 十七条憲法第三条「三曰、承㆑詔必謹。君則天之。臣則地之。天覆地載。四時順行、万気得㆑通。地欲㆑覆㆑天、則致㆑壊耳。是以、君言臣承。上行下靡。故承㆑詔必慎。不㆑謹自敗」。

16 三経義疏は、聖徳太子が死去してから一二〇年後に作成された「法隆寺伽藍縁起幷流記資財帳」（天平一九年〈七四七〉）において、「上宮聖徳法王御製者」の『法華経疏』『維摩経疏』『勝鬘経疏』として、法隆寺に伝わる文物に挙げられている。

17 石井公成氏は変格漢文と内容の分析から、三経義疏が隋仏教の持ち込まれる以前に日本人によって書かれたものであるとしている。そして太子の作と断定することはできないとしつつ、太子が百済もしくは高句麗の僧から種本となった注釈の講義を受け、それを略抄しながら自分の意見を加えていった状況を想定する。そして三経義疏は、推古天皇一四年（六〇六）の講経の手控えとして利用された可能性を指摘する（石井公成『聖徳太子――実像と伝説の間』春秋社、二〇一六年）。東野治之氏は法隆寺に伝わった『法華義疏』（現・御物）にあるヘラで入れた罫線（押界）は、上層の知識人の書いた作品であることを示すとした。また質素な装丁にもかかわらず非常に良好な状態で残っているのは、書いた者には重要ではなかったにしろ、これを受け継いだ者にとっては聖徳太子の生原稿として丁寧に扱い保存したためであろうとした。これらのことから、この『法華義疏』は、太子の自筆とみるのが妥当であるとする。また『勝鬘経義疏』『維摩経義疏』はのちの時代の写本しか伝わらないが、『勝鬘経義疏』の注釈箇所において自身の綴っていることを話し言葉の「語」ではなく書き言葉の「文」としてみていることから、中国ネイティブがつくった輸入品ではないとする（東野治之『聖徳太子――ほんとうの姿を求めて』岩波書店、二〇二〇年）。

18 取り上げる『法華義疏』と『勝鬘経義疏』は共に中国の教学を下地に注釈を付けており（『法華義疏』は梁の法雲の注釈、『勝鬘経義疏』は江南の教学）、当時の経典解釈の水準を示すのだが、それらの解釈を鵜呑みにしたと捉えるのではなく、この二書の作者がそれらの解釈を選択した思想的背景について考える。

19 『法華義疏』第一（『大正蔵』五六巻、六四頁、下）。

20 「釈索或云。言教中索。或云意中索。或云機中索。未審誰当。但私懐者。或是機中。有如是可索耶。何則若就外譬作論。亦可得言中索。亦可得意中索。然就実為論。三乗人大乗機雖発。如来未明唯一之前。那得知無三。既未知無三。那得言中意中為索也。故云唯機中可索也」（『法華義疏』第二、『大正蔵』五六巻、八八頁、上）。人びとが仏の教えを求めるきっかけはどこにあるのかについて、仏の言教や人びとの意（こころ）にあるという意見もあるが、実際に仏が大乗を説く前においては、人びとはその教えの存在すら知らないのであるから、それは「機」にあるとする。仏の教えもこの「機」次第で変化していくのである。

21 『法華義疏』第一（『大正蔵』五六巻、七六頁、上）。

22 『法華義疏』第一（『大正蔵』五六巻、七六頁、中）。

23 『法華義疏』第三（『大正蔵』五六巻、一〇四頁、上中）。

24 『勝鬘経義疏』（『大正蔵』五六巻、五頁、上）。

25 「不忘失摂受法者。既云受正法。是八地以上行。故云他分行。今勝鬘迹在七地。」（『勝鬘経義疏』『大正蔵』五六巻、五頁、中）。

26 『勝鬘経義疏』（『大正蔵』五六巻、四頁、中）。

27 中村元「勝鬘経義疏」（『日本の名著2　聖徳太子』中央公論社、一九七三年）、一一六頁。

28 『現代語訳　勝鬘経義疏』四天王寺勧学院、一九七六年、四四頁。

29 『日本書紀』推古天皇二十一年十二月庚午朔条。

奈良女子大学
KeiHanNa
けいはんな講座
00

聖徳太子への道――散策から思索へ

小路田泰直

当麻寺にて

二〇二一年四月のある日、竹内街道を奈良側から大阪側に向けて歩こうと、近鉄南大阪線の当麻寺駅を起点に選び、まずは当麻寺を訪れた。そして山門をくぐったところに当麻寺の由緒書きがあったので、まずはそれを読んでみた。すると今の当麻寺が建てられたのは六八〇年頃のことと書いてあった。それまでは二上山の反対側（西側）の河内（今の太子町）にあったという。創建者は聖徳太子の異母弟（父は用明天皇）当麻皇子、別名麻呂子皇子で、その子孫がこの地に移転したのだそうだ。

そこで少し気になったので、その場で調べられる範囲で少し調べてみると、その麻呂子皇子の子孫にこの地を提供したのが、役行者（小角）であったとのこと。もともとこの地は、葛城山麓を修行の場としていた役行者の行場のひとつであったという。それを役行者が当麻寺に寄進する形で今の当麻寺が誕生した。陀羅尼助(だらにすけ)発祥の地というのは、その名残だとのことである。

そこで私には、一つの疑問が生まれた。なぜ役行者は、麻呂子皇子ゆかりの当麻寺に寺地を寄進したのだろうか、との疑問である。役行者ほどの人の行為である、無意味な行為とは思えなかった。そこで私の脳裏に浮かんだのは、近江京を捨て、吉野に逃げ込んだときの大海人皇子（天武天皇）の次の発言である。

> 我今入道修行せむとす。故、随ひて修道せむと欲ふ者は留れ。若し仕へて名を成さむと欲ふ者は、還りて司に仕へよ。*1

彼は表向き、山岳修行に入るために吉野に赴いたのである。

七世紀後半という時代は、時の皇太子でさえ、何かあれば山岳修行を言い出す時代であったということになる。ということは、その時期、修行のために山に入る人は、役行者にかぎらず、もっとたくさんいたことが想像される。ところが二一世紀の今日、たいていの場合、山岳修行といえば役行者が起源ということになっている。となると、七世紀後半から八世紀初頭にかけてのいずれかのときに、役行者が山岳修行者界の競争を勝ち抜き、頂点に君臨する、何かきっかけをつかんだと考えるのが自然である。では、そのきっかけとは。それが当麻寺の寺地を、彼が麻呂子皇子の孫當麻真人国見（たいまのまひとくにみ）に寄進したことではなかったのかと私は思う。

そこで大事なことは、当麻寺の開基麻呂子皇子は聖徳太子の異母弟であり、もとの当麻寺（当時は禅林寺）は、聖徳太子や推古天皇、さらには太子の父の用明天皇が眠る、今日の太子町から羽曳野市にかけて広がる、エジプトの「王家の谷」をもじっていわれる「王陵の谷」にあったということである。役行者は当麻寺の寺地を寄進することによって、じつは聖徳太子との縁を獲得したのではなかったのか。ならばそれが、彼が山岳修行者界での特権的な地位を獲得するきっかけになった可能性は、高くなる。

そしてそうなると夢想は広がる。修験道の開基は、じつは役行者ではなくて、聖徳太子ではなかったのか、と。ありえないことではない。大峯修験と並ぶ修験道に、出羽三山を中心とする羽黒修験があることは周知の事実だが、その羽黒修験の開基蜂子皇子（はちのこのおうじ）も、じつは聖徳太子の庇護（ひご）のもと修験道を開くに至った人物である。彼は蘇我馬子に殺害された崇峻天皇の子（したがって聖徳太子の従兄弟）であり、崇峻天皇なきあと、聖徳太子によって匿われ、丹後由良（京都府宮津市）から船出して北上、出羽由良（山形県鶴岡市）に上陸して、羽黒山に入った。聖徳太子は羽黒修験の開山にも関わっていたのである。修験道の開基は役行者ではなく聖徳太子、この仮説は成り立ちうる。

しかも興味深いのは、聖徳太子はけっこう鬼と関係の深い人物であったということである。まずは彼の弟麻呂子皇子は、大江山の鬼退治で勇名を馳せた最初の人物であった。当然麻呂子皇子の背後には聖徳太子がいた。ちなみに鬼退治の成就のために麻呂子皇子が祈ったのは薬師如来であったが、聖徳太子が深く信仰し法隆寺の守り本尊にしたのも薬師如来であった。麻呂子皇子の鬼退治がきっかけとなって、丹後には今も七仏薬師信仰が根付いている。

そして今一つ、その麻呂子皇子に退治された鬼たちの住処、丹後に、聖徳太子は相当大きな影響力をもっていたことである。彼の母穴穂部間人（あなほべのはしひと）が、都の騒乱を避けてしばらくこの地に移り住んだことはよく知られているが——その痕跡が間人（たいざ）という地名に残っている——、西国三十三所観音霊場のひとつ成相寺（なりあいじ）なども、聖徳太子創建ということになっている。また、聖徳太子が蜂子皇子を匿い、出羽に送り出したのも丹後由良からであった。大きな影響力がなければ、一歩間違えば時の権力者蘇我馬子を敵に回しかねない、このようなことはできない。

そして考えてみれば、修験道の開祖役行者も鬼と関係の深い人物であった。彼の回りには前鬼（ぜんき）と後鬼（ごき）と呼ばれる鬼がいた。役行者が聖徳太子を慕ったとしても、それはありうることであった。

鬼の住処

では、役行者も聖徳太子も深い関わりをもった鬼の正体とは何だったのか。まずは丹後に視点を定めてみれば、それは、麻呂子皇子が退治した三匹の鬼「英胡（えいこ）」「軽足（かるあし）」「土熊（つちぐま）」という名からも類推されるように、異邦人であり、移動する人びと（商人）であり、製鉄など最先端技術をもつ職人たちであった。ちなみに「熊」は「ゆ」と読み「ゆ」は「湯」すなわち金属の溶けたものを指す。説教節の『山椒大夫』に登場する山椒大夫――「タタラ」を操り、由良の港を拠点に東北地方にまで人買いに出かけた商人――などが、まさにそのイメージにピッタリとくる人物であった。また、丹後大江山と並ぶ鬼の産地に、桃太郎伝説が残る吉備国があるが、吉備津神社に今なお封印されている鬼を温羅（うら）という。湯の浦（鉄の港）からきた名前だろうが、製鉄を生業とし、港を支配する山椒大夫的人物にふさわしい名前である。

なお、ひと言付け加えておくと、丹後は、明治に入るまで、いつの時代も、日本海交易の一大中心であり、同時に異界に開かれた扉であった。大江山の大江は大きな港を意味し、由良川の由良は、今述べた湯の浦を意味していた。列島社会と異界（海上他界・天上他界）との交流を題材にした物語、浦島子伝説や羽衣伝説も、丹後が故郷であった。

では、鬼は丹後や吉備にだけ棲（す）んだのだろうか。当然答えは否である。そこで一つの事実に注目しておきたい。麻呂子皇子ゆかりの寺であり、役行者と聖徳太子の縁を取りもった寺、当麻寺が、中世に入ると、浄土信仰の中心寺院として新たな発展をはじめた事実である。きっかけは二つあった。一つは、さまざまな苦難を逃れて当麻寺に入った藤原豊成（鎌足の曾孫）の娘、中将姫が一夜にして織り上げたといわれる、極楽浄土を描いた当麻曼荼羅が伝承されたこと。今一つは、『往生要集』の筆者、源信（恵心僧都）がたまたま当麻の地の出身者であり、当麻寺を浄土教布教の拠点に選んだことであった。彼が、二上山に沈む夕日の方向を極楽浄土に見立て、阿弥陀如来の来迎を儀式化したのが迎講であり、今も続く練供養会式である。

ならば問うべきは、鬼ゆかりの寺がなぜ浄土信仰の中心寺院になったかである。そしてたどり着くのは源信の師、良源の「転向」である。

良源は、初めておみくじをつくったことで知られ、今も親しみを込めて元三大師とか角大師とか呼ばれている人物（慈恵大師）であるが、比叡山（横川）中興の祖と呼ばれるにふさわしく、論が立ち、たびたび南都六宗などとの宗論の場に立って、比叡山に勝利と繁栄をもたらしてきた人物である。当然その主張は、開祖最澄同様「人皆仏性」であった。ところがその良源が、あるとき京における疫病の蔓延を防ぐために、端座して、みずからの内に棲む鬼を浮き上がらせ、その姿を弟子たちに写しとらせ、お札にして配るという行動に出た。仏性であるはずのみずからの内面に鬼の宿ることを証明してみせたのである。明らかな「転向」であった。

人が悟れないのは、人の認識や能力に限界があるからではない。人の内面に、それを妨げる鬼が棲みついているからだとの認識を獲得したのである。だから凡夫だけではなく、いかな優れた人も悟れない。完全な存在にはなれない。だから彼は、ものの判断をするのに、占いやおみくじを導入したのである。

源信は師のこの気づきを受けたのである。浄土信仰のはじまりには、この人の内面に棲む鬼への気づきがあった。「人皆仏性」でないことへの気づきがあったのである。
だから浄土信仰は鬼の寺で発達したのである。そして、鬼のもう一つの居場所は、人の内面であった。

以和為貴

さて、そこでおもしろいのは、麻呂子皇子の鬼退治が行われた時期である。といって、どのみち伝承だから、正確な時期などわかるはずもないので、推定される時期である。推古天皇一一年（六〇三）、麻呂子皇子は征新羅将軍に任命され、任那復興のため新羅遠征に向かう。しかし播磨国の「赤石」（明石）まで水路進軍したとき、突然妻の死を理由に、遠征を取りやめてしまう。『日本書紀』には次のように書かれている。

当麻皇子、播磨に到る。時に、従ふ妻舎人姫王、赤石に薨せぬ。仍りて赤石の檜笠岡の上に葬る。乃ち当麻皇子返りぬ。遂に征討つことをせず。[*2]

たぶんこのあと、麻呂子皇子は大江山に向かったとされたのだろう。新羅遠征軍の士気のことを考えると、遠征を中止した以上、新羅以外の別の敵を求めるのは自然だし、彼が進軍を停止した明石は、加古川を遡上し、日本（本州）一低い分水嶺（海抜九五メートル）を越えて由良川の支流に出、日本海側に向かう、当時もっとも便利な列島縦貫路の入口であったからである。そのときが、物語の紡がれる条件の揃ったときであった。

だとすれば聖徳太子が鬼への強い関心を示したのは、新羅という外敵を喪失したときということになる。外敵との緊張を媒介に社会をまとめあげることが困難になり、内側の合意で社会をつくっていかなくてはならなくなったとき、彼は鬼への強い関心を抱いたものと思われる。

では聖徳太子が統治者としての視線を、外ではなく、内に向けたときに現れた鬼の正体とは何だったのか。それは、彼がその視線の転換を行った直後に制定した、冠位十二階と十七条憲法[*3]に表現されていた。参考になるのは、次の第十五条である。

> 十五に曰はく、私を背きて公に向くは、是臣が道なり。凡て人私有るときは、必ず恨有り。憾有るときは必ず同らず。同らざるときは私を以て公を妨ぐ。憾起るときは制に違ひ法を害る。故、初の章に云へらく、上下和ひ諧れ、といへるは、其れ亦是の情なるかな。

人には「私」がある。そしてそれが高じると「恨み」となり、制度や法を破壊する力となる。

第一条の言葉を使うと、人が「君父に順はず、乍隣里に違ふ」原因となる。しかも「我必ず聖に非ず。彼必ず愚に非ず。共に是凡夫ならくのみ」、人はすべて「凡夫」であり、そのことに例外はない。だとすればすべての人に「私」は潜み、何かあれば「恨み」となって相互にぶつかり合い、社会を破壊する。その人に潜む「私」こそが、聖徳太子にとっての鬼だったのである。

そしてその万人に潜む鬼への気づきがあればこそ、彼は憲法第一条で「和ぐを以て貴しとし、忤ふること無きを宗とせよ」と述べたのである。

事を論ふに諧ふときは、事理自づから通ふ。何事か成らざらむ。

すなわち、人に潜む「私」を取り除くことはできないが、その「私」が「恨み」に転ずるきっかけを、できるだけつくらせないようにすることはできる。人が何か「事」を争うときにでも、言論の枠内で争うようにさせればいいのである。ならば「事理」が通用し、「私」は容易には「恨み」に転ずることなく、「何事」も実現が可能になるからである。「以和為貴」の真意は、そこにあった。

大転換

さて、この人に潜む鬼への気づきは、聖徳太子にとって、巨大な思想的転換の契機となった。彼を無条件な仏教信奉者から解き放った。推古天皇一四年（六〇六）、彼は勝鬘経と法華経を講じ、推古天皇から絶賛を浴びているが、その翌年には「神祇を拝るべし[*4]」との方針を出すに至っている。もはや仏教のみが、護国の教えではなくなっていた。

そもそも仏教は人に完全な知、悟りをもたらすための教えであった。欽明天皇の時代、仏教が百済の聖明王の尽力で日本にもたらされたとき（公伝）、それに期待されたのは、「普天の下の一切衆生、皆解脱を蒙[*5]」り、それによって人に本来備わる「宝」が「妙法の宝[*6]」として引き出されること、最澄的な言い回しをすれば、「人皆仏性」を前提とする社会が生み出されることであった。しかし人の心にあまねく鬼が宿るのであれば、その期待は確実に裏切られる。仏教は、人の内面にあまねく鬼が宿ることを前提にしたのでは、成り立たない教えだったからであった。だから彼は十七条憲法を制定し、人にあまねく鬼の宿ることに気づいたとき、仏教一辺倒からも解き放たれたのである。では解き放たれて、どこに向かったのか。

一つは、今述べた「和ぐを以て貴しとし、忤ふること無きを宗とせよ」との考え方を広める方向に向かった。何事につけ、理非曲直を明らかにすることよりも、とにかく争わないことを最良とする考え方の普及に務めた。理非曲直を争うよりは、「我独り得たりと雖も、衆に従ひて同じく挙へ」（第十条）というのが十七条憲法の精神であった。

しかし「和ぐを以て貴し」とせよというだけで世の平和が保てるとは、さすがの彼も思わなかった。だから同じ十七条憲法の第十四条において、次のようにも述べていたのである。

　千載にして一の聖を待つこと難し。其れ賢聖を得ずは、何を以てか国を治めむ。

もう一つは「聖」を求め、その「聖」の力を借りて、絶対的な規範（法）を設ける方向に進んだ。「千載にして一の聖を待つこと難し」と言いながら、そのめったに現れない「聖」を探し求める方向へと進んだのである。

そして彼は巡り会った。その邂逅の場面が片岡の飢人伝承として伝えられる次のシーンである。

推古天皇二一年（六一三）冬、彼は片岡（奈良県王寺町）を訪れ、そこで一人の飢人に出会った。「飲食」と「衣裳」を与えたが、その甲斐なく、その飢人は死んでしまった。気の毒に思った彼は、その飢人のために墓をつくらせた。

しかしそのとき（じつは数日後）、その飢人がじつは「凡夫」ではなく、「真人」すなわち「聖」ではないかとの閃きが湧いた。そこで使者を送って確かめにやらせると、使者は、「屍骨」はすでになく、「衣服」のみがきちんとたたんで残してあったとの復命をした。それを聞いた彼は、その飢人がやはり「聖」であったことを確信し、使者に再びその「衣」を取りにいかせ、「常の如く」それを着た。すると人びとは「聖の聖を知ること、其の実なるかな」と言い、彼自身を「聖」の地位に押し上げていった。[*7]

これがその飢人伝承であるが、興味深いのは、聖徳太子が何に「聖」の証をみたかである。彼はそれを、死者の蘇(よみがえ)りにみた。そして気づくのは、それは明らかに仏教的ではなく、キリスト教的であったということである。

『聖書』（旧約）には、ヤハウェの神が霊としてその体内に入り込んだ預言者エゼキエルが、「彼が私に語ったとき、霊が私の中に入り、私をわが足で立たせた。私は私に語りかける方〔の声〕を聞いた[*8]」と述べ、その証として、「枯骨」を蘇生させたという逸話が載せられている。

> 見よ、わたしはお前たちの中に一つの霊を送る。お前たちは生き〔返〕るであろう。わたしはお前たちの上に筋を与え、お前たちの上に肉を上らせ、お前たちの上に皮を被せる。またわたしはお前たちの中に一つの霊を与える。お前たちは生き〔返〕るであろう。こうして、お前たちは知るであろう、わたしがヤハウェである、と。[*9]

そしてこの逸話を土台に生まれたのが、いくら奇跡を起こしてもみずからがキリスト（救世主）

であることを信じてもらえないイエス・キリストの、「〈人の子〉は、多くの苦しみを受け、長老たちや祭司長たちや律法学者たちによって棄てられ、かつ殺され、そして三日後に起き上がらなければならない」[10]と述べ、あえて十字架に上り、処刑され、三日後に蘇る（復活）、という行動だったのである。

聖徳太子の「聖」の発見の仕方は、明らかに仏教的ではなく、キリスト教的であった。比喩になるかもしれないが、彼は片岡で、「釈迦」ではなく「キリスト」に会ったのである。そして「キリスト」の復活を知るがゆえに、みずからも「聖」の道を歩きはじめたのである。復活したキリストに出会ったばかりに、みずからも聖人となったパウロの如くにである。

死と復活

しかしだとすれば、それを徹底させようとすれば、彼もまた一度は死に、復活しなくてはならなかった。推古天皇三〇年（六二二）二月、彼は、母（間人皇女）のあとを追い、最愛の妻（膳妃）を道連れにするかのように、四九歳の人生を終えた。その、共に統治を担った推古天皇や蘇我馬子よりも早い死が、自死の香り漂う所以かもしれない。

ただ「月日輝を失ひて、天地既に崩れぬ。今より以後、誰をか恃まむ」と嘆き悲しむ「諸王・諸臣及び天下の百姓」[11]の要望に応えて復活を遂げるには、太子の死には、イエス・キリストの死の壮絶さが欠けていた。何かによる補いが必要だった。そしてそれを補ったのが、彼の子山背(やましろの)大兄王(おおえのおう)の死であった。

太子の子であるがゆえに、常に皇位継承者に名を連ねる山背大兄王を疎ましく思った蘇我入鹿が、皇極天皇二年（六四三）、突然彼を攻め滅ぼすが、そのとき山背大兄王は、「請ふ、深草屯倉に移向きて、茲より馬に乗りて、東国に詣りて、乳部を以て本として、師を興して還りて戦はむ。其の勝たむこと必じ」と再起を促す、三輪文屋君(みわのふんやのきみ)の必死の勧めをも振り切って、次のように述べ、一族もろとも、壮絶な自死を遂げた。

吾が情(こころ)に冀はくは、十年百姓(おほみたから)を役はじ。一(ひとり)の身の故を以て、豈万民(おほみたから)を煩労(わづら)はしめむや。又後世に、民の吾が故に由りて、己が父母(かぞいろは)を喪(ほろぼ)せりと言はむことを欲(ほ)りせじ。豈其れ戦ひ勝ちて後に、方に丈夫(ますらを)と言はむや。夫れ身を損(す)てて国を固めば、亦丈夫にあらずや。[*12]

三輪文屋君の勧めに従えば勝てたかもしれないのに、「一の身の故を以て、豈万民を煩労はしめ」ることをあえてせず、「国を固め」るために「身を損て」ることを選んだのである。人の内面に潜む「私」を「恨み」（鬼）に転化させないために、あえて「和ぐを以て貴しとし、忤ふること無きを宗とせよ」と言い続けた聖徳太子の子にふさわしい、壮絶な死であった。そしてこの山背大兄王の死に補われたとき、聖徳太子は復活し、「聖」となる機会を得たのである。
あとは復活したことを誰かに目撃させ、霊として、永遠の法の制定者として、君臨し続ければよかった。さらにはその目撃者に、片岡で「飢人」を「聖」と見破ったあとの自分と同じような意味での「聖」の地位を与えればよかった。キリストが、パウロに復活を目撃させ、彼をローマ帝国内伝道の使徒にしたように、である。

では太子は、誰をその目撃者にしたのか。多分それは蘇我入鹿であった。入鹿が山背大兄王を死に追いやらなければ、彼の復活はありえなかったからである。視点を変えれば、入鹿こそ聖徳太子復活の最大の功労者であったからであった。キリストの復活を確認したパウロも、もとをただせばキリスト教団に対する迫害者のひとりであった。あえて死刑になろうとするキリストに、死ぬなかれと追いすがったペテロではなく、キリストを死に追いやったパウロこそ、キリスト復活の目撃者にふさわしかったのである。パウロと同じ役割を果たせるのは入鹿しかいなかった。

そして、そのことは、中大兄皇子と中臣鎌足らが入鹿を殺害したときに、入鹿と交わした次のやりとりのなかに現れていた。

入鹿は「当に嗣位（ひつぎのくらゐ）に居（まし）ますべきは、天子（あめのみこ）なり。臣（やつこ）罪を知らず。乞ふ、垂審察（あきらめたま）へ」と述べ、中大兄は「鞍作、天宗（きみたち）を尽（つく）し滅（ほろぼ）して、日位（ひつぎのくらゐ）を傾けむとす。豈天孫（あめみま）を以て鞍作に代へむや」と応えた。*13

「天地開闢けてより、君臣始めて有つことを以て、賊の党に説かしめたまひて、赴く所を知らし

[*14]め」ようとした中大兄皇子にとっては悪でしかなかった、みずからのために陵をつくり、甘樫丘(あまかしのおか)に家を建てれば、それを宮門(みかど)と呼ばせるといった、蘇我蝦夷・入鹿父子の天皇然とした振る舞いが、入鹿にとっては「罪」ではなかったのである。なぜならば、そのとき彼はすでに「嗣位に居すべき」「天子」の地位にあったからであった。

では、それはどういうことか。要は「天」という語の使い方だが、中大兄が、入鹿が滅亡に追い込んだ上宮家(じょうぐうけ)（聖徳太子・山背大兄父子一族）のことを「天宗」と呼んでいることから類推すると、聖徳太子のことを指していた。たぶん入鹿はその聖徳太子の「子」を自認していたのである。だからあたかも天皇のごとく振る舞っても、それを「罪」とは思わなかったのである。生前中に父蝦夷とみずからの陵をつくろうとしたとき、「望(ねが)はくは死(みまか)りて後に、人を労(いたは)らしむること勿」きようにと、まるで山背大兄王のような言い方をして、当然のように「上宮の乳部(みぶ)の民」[*15]を使役したのも、たぶん、それゆえであった。

ではなぜ入鹿は「天子」を自認することができたのか。思うに、先ほど述べたような理由により、彼こそが聖徳太子復活の目撃者となったからであった。そしてそのことを推量させる記述が『日本書紀』にはあった。

山背大兄王が壮絶な死を遂げたとき、「空(おほぞら)に照灼(てりひか)りて」「種種の伎楽(おもしろきおと)」が鳴り響くなか、天から「五つの色の幡蓋(はたきぬがさ)」が「寺」に向かって垂れてきた。そして入鹿の視界に入ったとたん「黒き雲[*16]」に変じたとある。その「黒き雲」の中で、復活した聖徳太子と入鹿の邂逅が行われたのではないだろうか、というのが私の推論である。「幡蓋」というのは貴人に差しかける長柄の傘のことであるが、その傘を差しかけられていたのは、昇っていったのではなく、降りてきたのだから、つい先ほど死んだ山背大兄王ではなく、その死によって復活の機会を得た聖徳太子のほうだったと考えるのが自然である。

なお、降りてきた先にあった「寺」だが、聖徳太子が復活したのであれば、その復活した聖徳太子が「聖」として住み、「凡夫」たちと接するための場所であった。当然法隆寺であったが、それは、四天王寺のような、仏教徒としての聖徳太子が仏を拝む場所ではなく、「聖」となった聖徳太子がそこに住み、人から拝まれるための場所であった。だからそこには、仏舎利を納める塔と対等に並ぶ形で、太子の御影堂が置かれたのである。のちの浄土真宗寺院に阿弥陀堂と並べて親鸞の御影堂が建てられたようにである。その御影堂が金堂であり、太子像が釈迦如来像だったと思われる。伽藍配置としての法隆寺様式も、かくて生まれたと思われる。

何にしても皇極天皇四年（六四五）六月に起きた中大兄皇子らによる蘇我入鹿殺害事件は、「天子」すなわち聖徳太子の子を名乗る蘇我入鹿に対する、皇位は「天孫」――この場合の天は天照大神――こそ継ぐべきだとする人びとの叛乱であった。そして、蘇我入鹿こそが山背大兄王の死を契機とした聖徳太子の復活を可能にし、その復活を最初に目撃した人物であったと考えれば、そのことが素直に理解できるのである。

やはりこの国においてパウロの役割を果たしたのは蘇我入鹿であった。そしてそれが証拠に、というべきか、蘇我入鹿を抹殺したとき、中大兄皇子や孝徳天皇らは、聖徳太子の記憶まで抹殺しようとしたのである。入鹿殺害後、仏教に深く傾倒し、神祇を軽んじたとされる軽皇子（孝徳天皇）が、僧尼らを一堂に会して仏教興隆の新方針を伝えるが、そのとき次のように語り、蘇我馬子の功績には触れても、聖徳太子の功績に触れなかったのである。

> 磯城嶋宮御宇天皇（欽明）の十三年の中に、百済の明王、仏法を我が大倭に伝へ奉る。是の時に、群臣、倶に伝へまく欲せず。而るを蘇我稲目宿禰、独り其の法を信けたり。天皇、乃ち稲目宿禰に詔して、其の法を奉めしむ。訳語田宮御宇天皇（敏達）の世に、蘇我馬子宿禰、追ひて考父の風を遵びて、猶能仁の教を重む。而して余臣は信けず。此の典幾に亡びなむとす。天皇、馬子宿禰に詔して、其の法を奉めしむ。小墾田宮御宇天皇（推古）の世に、馬子宿禰、天皇の奉為に、丈六の繍像・丈六の銅像を造る。仏教を顕し揚げて、僧尼を恭み敬ふ。朕（孝徳）、更に復、正教を崇ち、大きなる猷を光し啓かむことを思ふ。*17

ここには、明らかに、聖徳太子の記憶抹殺の意図が働いていた。

大化改新

では、入鹿抹殺に成功した中大兄皇子らは、「聖」となって蘇った聖徳太子の抹殺にも成功したのだろうか。それは否であった。そこで大事なことは、彼らにとっても「聖」の存在は必要であったということである。「聖」だけが、「凡夫」にはできない、公と私の分界を明確にし、あらゆる「諸王・諸臣及び天下の百姓」を超えた立場から政治改革・社会改革に取り組むことを可能にするからであった。

そこでもう一度、中大兄皇子による蘇我入鹿殺害の経緯を振り返っておこう。入鹿はみずから「天子」と名乗り、それゆえに皇位につくのを当然とし、それに対して中大兄は、「天宗」を滅亡に追いやった廉(かど)で入鹿を糾弾し、今度はみずから（直接には古人皇子(ふるひとのおうじ)・軽皇子・中大兄皇子）を「天孫」と定義し、皇位は「天孫」こそ嗣ぐべしとして入鹿殺害に及んだのである。

では「天子」とはどういう意味で、「天孫」とはどういう意味だったのか。それを考えるうえで重要なことは次の二つである。

第一は、「子」は親との血縁関係がなくても、観念の操作如何によっては誰でもなれる。中国人が皇帝を「天」の「子」と観念したようにである。日本にも異姓養子（血のつながりのない養子）の風習がある。しかし「孫」はさすがに、血縁関係がなければなれないということである。

そして第二は、命のやりとりが行われる緊迫した場面で、同じ言葉がまったく別々のことを意味する言葉として——すなわち相互に理解不能な言葉として——使われることは通常ない。「天宗」の「天」も、「天子」の「天」も、「天孫」の「天」も、すべて同じもの、または同じことを指していたのだろうということである。その場合「天孫」という概念も、このときに初めて生まれた概念であったということに留意すべきである。そしてその「天」とはすでに述べたように、蘇り「聖」であることの証明を終えた聖徳太子であった。

ならば「天子」とは、なんらかの方法で太子から啓示を受けて、太子から「聖」の資質を受け継いだ者、「天孫」とは聖徳太子と血縁関係にあることによってそれを受け継いだ者ということになる。両者の相違は聖徳太子の「聖」としての資質の受け継ぎ方の相違ということになるのである。

当然、大化改新の理解も変わる。死に、復活を遂げ、「聖」となってこの国の最高権力者の地位についた聖徳太子（霊）のもとで、誰がその代行者となって権力を執行するか、結局はその代行者の地位をめぐる争いということになるのである。決して身のほど知らずに皇位を望んだ蘇我入鹿の誅殺事件ではなかった。

だから中大兄皇子や軽皇子らが入鹿を殺すことはあっても、聖徳太子を完全に抹殺することはなかったのである。

ただ「天孫」が「天子」を殺した結果、一つ問題が残った。それは、みずからが「聖」の代行者として皇位につくことの正当性を語るとき、「天子」は容易にそれを語りえた。しかし「天孫」は苦もなくそれを語るというわけにはいかなかった、ということである。なぜ血のつながりがあるというだけで、聖徳太子同様の「聖」の資質を受け継ぐことができるのかとの問いが、必ず彼らには突き付けられるからであった。

　血の聖別（神聖化）という行為が必要であった。しかし、そのためには「天孫」を、神の血を引く特別な血筋、すなわち「明神」（明神御宇日本天皇）[18]としても定義しなくてはならなかった。ちなみにその定義を行うために、聖徳太子の最晩年から進められたのが『天皇記』『国記』の編纂であった。それがいかに大切な事業だったかは、入鹿殺害に次ぐ蘇我氏滅亡の際の最大のイベントが、蝦夷による『天皇記』『国記』の焼却と、中大兄の家来船史恵尺によるそのレスキューにあったことからもわかる。

　しかし、神の血を引く「明神」としての権威と、聖徳太子の資質を受け継ぐ「天孫」としての権威は、直接には交わらない。それを交わらせるためには、交点を時の彼方に求め、「聖」を「上古の聖王」に読み替えることが必要であった。だから大化改新をはじめるとき、孝徳天皇は次のように語り、みずからの立場を鮮明にしたのである。

　当に上古の聖王の跡に遵ひて、天下を治むべし[19]

そして逆に、聖徳太子の存在をヴェールの向こうに隠したのである。しかし実際には「上宮法王」が、みずから「聖」となることによってつくり上げた「法の支配」を頼りに、「諸王・諸臣及び天下の百姓」から超越することによって、大化改新を断行したのである。大化改新を進めるうえで必要な諸政策が、しばしば「聖」の権威を背景に出されたのは、そのことを物語っていた。

法隆寺へ

さて、法隆寺に再建論と非再建論があるのは周知の通りである。天智天皇九年（六七〇）に「斑鳩寺」が火災で消失したとの記事が、『日本書紀』にあるからである。長年、再建・非再建論争が戦わされ、今では、一応再建派の勝利という形でおさまっている。西院伽藍（さいいんがらん）の南東方向に若草伽藍と呼ばれる寺院跡が見つかり、それに火災痕が確認されたからである。

ただ、ここまで述べてきたことを前提にすると、だからといって再建論が成り立つとはかぎらない、ということになる。

推古天皇一五年（六〇七）に聖徳太子が建てたとされる法隆寺は、四天王寺同様、太子を含め人が仏を拝むための寺であった。しかし、聖徳太子が復活を遂げてから以降の法隆寺は、太子の居場所、すなわち人が復活した太子を拝むための寺となった。だから今の法隆寺様式の伽藍配置が生まれたことは、先に述べた通りである。ちなみに若草伽藍は、人が仏を拝む寺にふさわしく四天王寺様式である。

だとすれば今の法隆寺は、太子の死後、推古天皇三〇年（六二二）以降、あるいは山背大兄王が死んだ皇極天皇二年（六四三）以降に、太子の復活を願い、信じる人たちが、若草伽藍とはまったく別の寺として、今の様式で建てはじめた寺だった可能性が出てくる。

ならば天智天皇九年に若草伽藍が全焼したとき、今の法隆寺は完成していたか、完成はしていないまでも、建設途上にあったと考えるのが自然である。少なくとも若草伽藍が全焼したので、代わりに建てられた寺ではないということになるのである。したがって再建論はそれほど簡単には成り立たないというのが、私の意見である。

ついでにいうと、法隆寺同様の伽藍配置をもつ法輪寺は、東大寺を建てるときに、まずはミニチュア模型としての喜光寺（菅原寺）が建てられたように、法隆寺建設のためのミニチュア模型として建てられた寺ではなかったのか。斑鳩の里にて思ったことである。

［註］

1 『日本書紀』天智十年十月癸未条（天武即位前紀天智四年癸未条）。
2 『日本書紀』推古十一年七月丙午条。
3 『日本書紀』推古十二年四月戊辰条。
4 『日本書紀』推古十五年二月戊子条。
5 『日本書紀』欽明六年九月条。
6 『日本書紀』欽明十三年十月条。
7 『日本書紀』推古二十一年十二月庚午朔条、辛未条。
8 旧約聖書翻訳委員会訳『旧約聖書』Ⅲ（岩波書店、二〇〇五年）、四二八頁。
9 前掲註8『旧約聖書』Ⅲ、五三六頁。
10 新約聖書翻訳委員会訳『新約聖書』（岩波書店、二〇〇四年）、三四〜三五頁。
11 『日本書紀』推古二十九年二月癸巳条。
12 『日本書紀』皇極二年十一月丙子朔条。
13 『日本書紀』皇極四年六月戊申条。
14 『日本書紀』皇極四年六月戊申条。
15 『日本書紀』皇極元年是歳条。
16 『日本書紀』皇極二年十一月丙子朔条。
17 『日本書紀』大化元年八月癸卯条。
18 『日本書紀』大化元年七月戊辰条。
19 『日本書紀』大化元年七月丙子条。

奈良女子大学
KeiHanNa
けいはんな講座
00

推古朝の合議——大夫合議制の変質と冠位十二階・十七条憲法

鈴木明子

はじめに

従来、聖徳太子による推古朝（五九三〜六二八）の政治は大化改新の前駆と見なされ、推古朝は日本律令国家の出発点とされてきた。[*1] 近年、推古朝と律令国家の連続性は否定される傾向にあり、律令国家形成の対外的（外在的・偶然的）契機が過剰に説かれるとともに、内在的契機が捨象されている。その結果、日本律令国家の論理は、氏族制的秩序の残存（未開・固有法）と中国的律令（文明・継受法）の浸透という律令国家二重構造論へ多く帰結することとなり、その独自の論理を問うことが回避されてきた。[*2]

古代国家形成史の鍵となるのは、推古朝と聖徳太子の新たな評価である。また、前方後円墳の造営が畿内・東日本・西日本各地でいっせいに終焉（しゅうえん）した推古朝は、国制の一大転換点でもあった。[*3] 古代国家形成史の主要な論点となってきた合議制の視点から、聖徳太子の果たした役割について考えたい。

問題の所在

大化前代には、「大夫」という一定の政治的地位が存在し、合議体を形成していたとされる。「大夫」はマヘツキミと訓まれ、「群臣」「群卿」など多様に表記された。先行研究では、大夫合議制について、大方以下のような見解が通説となっている。[*4] 従来、六世紀後半から七世紀前半と考えられてきた成立時期が六世紀前半に引き上げられること、有力氏族が大夫として合議に参加し、奏宣の任にあたること、七世紀以降、冠位・位階制や律令的官制が整備されていくなかで、官職的性質を失って敬称化していったことなどである。

川尻秋生氏は、この大夫合議制と律令制下の合議の関係、律令制下の合議に唐制がどのように影響を及ぼしていたかとの視点から、合議を二つに分類している。[*5]

A型：臣下が自分の見解を独自に述べ、大王（天皇）に奏上する。相異なった見解を並立して述べることも可能であり、中国の「議」がこれに属する。

B型：臣下が合議を行い、見解を一本化して君主に奏上する。日本の論奏、中国の宰相会議がこれにあたる。

川尻氏は大化前代の合議を、全会一致を必要としないA型の合議とし、大夫合議制と太政官の合議（論奏、B型）は系譜的に連続せず、大夫合議制から太政官合議への変化には、重大な別のインパクトを必要とするとした。また、川尻説をふまえ、鈴木琢郎氏は、大化前代の群臣（＝大夫）合議はいまだ統一見解が定立されず、国家意志定立に対して副次的な機能しか有していないとする。群臣合議が統一見解を定立して主体性を獲得し、大臣がそれを領導するようになるのは、律令制成立を待たねばならないと論じた。[*6]

大化前代の合議をA型の合議とする川尻氏の最大の根拠は、群臣の見解の一致をめざす『日本書紀』舒明即位前紀の皇嗣選定合議を、大臣の私邸で行われ、また、天皇も存在しないため、正式かつ一般的な合議とは見なせないとして、合議の事例から除外する点にある。しかし、次項以下に詳述するが、

①推古朝には、天皇不参加かつ大臣開催の合議がほかにも存在すること
②大臣私邸における私的な根回しとすれば、大臣の発言がないことが不可解であること
③当時の政府の機構や施設は、群臣の私邸にも置かれることがあったこと[*7]

などから、舒明即位前紀における皇嗣選定会議は、やはり正式な合議として扱うべきと考えられ

る。とすれば、大化前代の合議の事例についても、あらためて検証する必要があるだろう。以下は、『日本書紀』における群臣合議の具体相をうかがうことのできる記述である。

①幸二難波祝津宮一。大伴大連金村・許勢臣稲持・物部大連尾輿等従焉。天皇問二諸臣一曰、幾許軍卒伐二得新羅一。物部大連尾輿等奏曰、(後略)

欽明元年九月己卯条

②是日、天皇聞已歓喜踊躍、詔二使者一云、朕従レ昔来未二曾得レ聞二如レ是微妙之法一。然朕不二自決一。乃歴二問群臣一曰、西蕃献仏相貌端厳。全未二曾看一。可レ礼以不。蘇我大臣稲目宿禰奏曰、西蕃諸国一皆礼之。豊秋日本豈独背也。物部大連尾輿・中臣連鎌子同奏曰、我国家之王二天下一者、恒以二天地社稷百八十神一、春夏秋冬祭拝為レ事。方今改拝二蕃神一、恐致二国神之怒一。天皇曰、宜下付二情願人稲目宿禰一、試令中礼拝上。

欽明十三年十月条

③是日天皇得レ病還二入於宮一。群臣侍焉。天皇詔二群臣一曰、朕思三欲帰二三宝一。卿等議之。群臣入レ朝而議。物部守屋大連与二中臣勝海連一、違レ詔議曰、何背二国神一敬二他神一也。由来不レ識二若レ斯事一矣。蘇我馬子宿禰大臣曰、可二随レ詔而奏一レ助。詎生二異計一。

用明二年四月丙午条

④天皇詔二群臣一曰、朕思三欲建二任那一。卿等何如。群臣奏言、可レ建二任那官家一、皆同二陛下所レ詔。

崇峻四年八月庚戌朔条

⑤爰妹子臣奏之曰、臣参還之時、唐帝以レ書授レ臣。然経二過百済国一之日、百済人探以掠取。是以不レ得レ上。於レ是群臣議之曰、夫使人雖レ死之不レ失レ旨。是使矣、何怠之失二大国之書一哉。則坐二流刑一。時天皇勅之曰、妹子雖レ有二失レ書之罪一、輙不レ可レ罪。其大国客等聞之亦不レ良。乃赦之不レ坐也。

推古十六年六月丙辰条

⑥於レ是天皇将レ討二新羅一。謀二及大臣一、詢二于群卿一。田中臣対曰、不レ可二急討一。先察レ状以知レ逆、後撃之不レ晩也。請試遣三レ使覩二其消息一。中臣連国曰、任那是元我内官家。今新羅人伐而有之。請戒二戎旅一、征二伐新羅一、以取二任那一附二百済一。寧非レ益レ有二于新羅一乎。田中臣曰、不レ然。百済是多二反覆一之国。道路之間尚詐之。凡彼所レ請皆非之。故不レ可レ附二百済一。則不二果征一焉。

推古三十一年是歳条

⑦当二是時一蘇我蝦夷臣為二大臣一。独欲レ定二嗣位一。顧畏二群臣不レ従。則与二阿倍麻呂臣一議、而聚二群臣一饗二於大臣家一。食訖将レ散、大臣令二阿倍臣一語二群臣一曰、今天皇既崩無レ嗣。若急

不レ計、畏有レ乱乎。今以二詎王一為レ嗣。（中略）時群臣嘿之無レ答。亦問之。非レ答。強且問之。於レ是、大伴鯨連進曰、既従二天皇遺命一耳。更不レ可レ待二群言一。阿倍臣則問曰、何謂也。開二其意一。対曰、天皇曷思歟、詔二田村皇子一、曰二天下大任也不レ可レ緩。因レ此而言、皇位既定。誰人異言。時采女臣摩礼志・高向臣宇摩・中臣連弥気・難波吉士身刺、四臣曰、随二大伴連言一更無レ異。許勢臣大麻呂・佐伯連東人・紀臣塩手、三人進曰、山背大兄王是宜レ為二天皇一。唯蘇我倉麻呂臣〈更名雄当〉独曰、臣也当時不レ得二便言一。更思之後啓。爰大臣知二群臣不レ和、而不レ能レ成レ事退之。

舒明即位前紀

⑧饗二賜群臣伴造於朝堂庭一。而議二授レ位之事一。遂詔二国司一如二前所勅一、更無二改換一。宜下之二厥任一慎中爾所上レ治。

皇極二年十月己酉条

大夫合議制は冠位十二階と密接に関連している。大夫は最上位の大小徳冠によって占められており、[*8]また、徳冠と仁冠とのあいだには重大な階層差を設け、大夫をほかと区別したという。[*9]合議に参加した大夫の定員については、一〇名程度であったと推定される。[*10]大夫には、臣、連のカバネをもつ有力豪族が名を連ねた。

次項からは、大化前代の合議の事例を検証することを通じて、とくに推古朝の合議の特質について述べていきたい。

推古朝における合議形態の変質――合議への天皇の参加

　推古朝以前の合議では、天皇が病気で不在の史料③（八一頁）を除くと、史料①②④がすべて御前合議である。そのなかには、欽明朝（六世紀中葉）の②の合議のように、大王が群臣一人ひとりに問う「歴問」の形式で行われた例がある。また、大夫合議制の成立以前ではあるが、雄略朝（五世紀後半）の群臣合議の記述にも「歴問」の形式が存在する。[*11] 合議の場で大王が群臣一人ひとりに直接問う「歴問」の形式は、欽明朝以降みられないため、より古い段階の合議の特徴と考えられる。[*12] 宣化元年（五三六）には、内政・外交上重要な拠点となる筑紫の那津官家（なのつのみやけ）へ、非常に備えて各地の屯倉の穀を運ばせたが、[*13] 注目されるのは、大王も大臣、大連、大夫[*14]とともに固有の統属関係の主管者のひとりとして機能していることである。[*15] したがって群臣合議の場においても、部民制下の固有の統属関係を主管する群臣一人ひとりと直接対話する「歴問」の形式がとられる場合があったのであろう。

　これに対して、推古朝の合議の特質は、天皇の参加がみられないことである。史料⑥の「於レ是天皇将レ討二新羅一。謀二及大臣一、詢二于群卿一」は、天皇が大臣に諮問を下し、大臣が合議を開催したと解することができる。①②④の御前合議では、天皇の諮問に対して群臣の意見は「奏曰

（言）」と記されるが、御前合議でないことが明らかな③⑦の群臣の意見は「曰」と記され、「奏」が抜けている。史料⑥の合議での田中臣や中臣連の意見も「曰」とだけ記されていることから、天皇不在かつ大臣開催の合議と推定される。

史料⑤は御前合議であるか不明だが、御前合議での発言を示す「奏」の字が記されていないこと、小野妹子を流刑に処すという群臣の合意が形成され、群臣の一致した見解に対する推古の勅と推定されることから、御前合議である可能性は低いだろう。国書を紛失したという史実性に問題はあるものの、合議の形態に対する『日本書紀』の認識がうかがえる。

また、史料⑦は推古崩御をうけての皇嗣選定合議であり、蘇我大臣家で開催された。[*16] 既述のように、天皇不在のなかで、大臣蝦夷の私邸で行われた正式な合議ではないという見方もあるが、[*17] 史料⑥は天皇在世中であっても御前合議ではなく、大臣が合議を開催していることから、少なくとも天皇不在あるいは大臣の開催をもってただちに正式の合議ではないと結論することはできない。また、大臣私邸で行われた私的な根回しとするならば、大臣の発言がみられないことが不可解である。さらに、当時の政府の機構や施設はすべてが王宮内に収容されてはおらず、群臣の私邸にも置かれることがあった。[*18] 史料⑦はやはり正式な合議として扱うべきであろう。

以上の事例をもとにすると、推古朝の合議に天皇の参加はみられず、不参加が基本であったと想定される。

大臣の変質と合議における全会一致の原則の成立

推古朝以前の合議では、①②③の史料にあるように、合議の場での発言が大臣や大連を中心になされている。これに対して、推古朝の合議においては、記述された発言はすべて臣、連らのものであり、大臣の発言はみられない。前代の合議が基本的に御前合議であったのに対して、推古朝の合議には天皇の参加がみられないこと、史料⑥⑦ともに大臣が合議を開催していることから、新たに大臣に求められた役割のひとつは、合議を開催することであったと考えられる。

また、史料⑦では、「爰大臣知二群臣不一レ和、而不レ能レ成レ事退之」と、群臣の意見が一つにまとまらなかったために、大臣蝦夷は皇嗣を決定することができなかったとあり、群臣の見解の一致がめざされている。この群臣合議における全会一致という問題は、推古朝のほかの合議記事にもみられるものである。史実性に問題はあるものの、史料⑤にも群臣の統一された見解が示されている。

史料⑥の合議では、意見が二つに分かれ、最終的に「則不二果征一焉」と新羅を討たなかった。史料⑥については、「則不二果征一焉」が群臣の統一見解に基づく決定であるか、あるいは群臣の論争をふまえた天皇の裁定であるかが問題となるが、群臣の全会一致を想定せず、天皇の裁定とするのが従来の解釈であり、[*19] 大化前代の合議について、全会一致を必要としないA型の合議とする川尻氏のもう一つの根拠ともなっている。

しかし、史料⑥は、史料⑦と同様に解釈することが可能とみられる。史料⑦では、群臣の異なる見解を列記することに主眼が置かれ、群臣の見解が統一される過程については詳記しない。つまり史料⑥においても、群臣の異なる見解を列記することに主眼が置かれたのであり、見解統一の過程は省かれ、ただ統一見解に基づき「則不㆓果征㆒焉」とのみ記したとみられるのである。「則不㆓果征㆒焉」を合議での論争をふまえた天皇の裁定とする見方は可能かという問題を、次の史料をふまえて再度検証していく。合議後、新羅・任那への遣使の報告も待たず、その年のうちに新羅へ軍勢が派遣された。[*20]

爰大臣曰、悔乎、早遣㆑師矣。時人曰、是軍事者、境部臣・阿曇連、先多得㆓新羅幣物㆒之故、又勧㆓大臣㆒。

推古三十一年十一月条

推古紀三十一年（六二三）十一月条によれば、軍勢派遣を主導したのは大臣馬子であった。「則不㆓果征㆒焉」が天皇の裁定とすると、それを大臣馬子が覆したことになってしまうが、『日本書紀』のほかの記述にも大臣馬子が天皇の裁定を覆した事例はみえない。「則不㆓果征㆒焉」は天皇の裁定ではなく、やはり群臣の統一見解すなわち全会一致に基づくとの解釈が妥当と考えられるのである。さらに、時代は下るが『懐風藻』の皇嗣選定合議を参考にすると、

高市皇子薨後、皇太后引㆓王公卿士於禁中㆒、謀㆑立㆓日嗣㆒。時群臣各挾㆓私好㆒、衆議紛紜。王子進奏曰、我國家為㆑法也、神代以来、子孫相承以襲㆓天位㆒。若兄弟相及則亂従㆑此興。仰論㆓天心㆒、誰能敢測。然以㆓人事㆒推㆑之。聖嗣自然定矣。此外誰敢間然乎。弓削皇子在㆑座欲㆑有㆑言。王子叱㆑之乃止。皇太后嘉㆓其一言定㆑國、特閲授㆓正四位㆒、拜㆓式部卿㆒。時年三十七。

『懐風藻』葛野王伝

「群臣各挾㆓私好㆒、衆議紛紜」というありさまであったが、最終的に群臣の見解は一本化されたことがわかる。

以上から、群臣合議では全会一致がめざされたのであり、合議を開催した大臣が合議のとりまとめ役をも担ったとみられる。推古朝以前の大臣は、合議体筆頭として主たる発言者であったが、推古朝の合議では、発言せず、むしろ合議体の外にあって合議を開催し、群臣の見解を集約・一本化する役割に徹する、合議の統括者へと変化した。その背景には、群臣の見解を一致させなければ合議は成立しないという合議形態それ自体の重大な変化が生じていたと考えられる。

合議における大臣の私意の否定

先の推古紀三十一年十一月条からは、群臣の合意よりも大臣の決定が優先する場合のあることが知られるが、[*21] 舒明即位前紀の皇嗣選定の過程では、「当二是時一、蘇我蝦夷臣為二大臣一。独欲レ定二嗣位一。顧畏二群臣不レ従」と皇嗣選定の大事において、大臣みずから私意を抑え、群臣合議を優先した。皇嗣選定合議において、大臣蝦夷が「是群卿言也。特非二臣心一」「其唯不レ誤二遺勅一者也。非二臣私意一」と、合議の決定が私意ではなく、天皇の遺詔と群臣の意見に従ったものであることを繰り返し強調するのも、大臣にとって、群臣の合意が一定程度の重みをもつためであろう。このことは史料⑧からも確認できる。

史料⑧では、授位のことも合議で決定されたことがみえるが、[*22] 合議の三日後に蘇我大臣蝦夷は病と称して朝参せず、「私授二紫冠於子入鹿一、擬二大臣位一」[*23] と、私に子の入鹿へ紫冠を授けて大臣の位に擬した。入鹿への紫冠の授与が、合議の三日後「私」に行われたこと、蝦夷が病を口実に朝参しなかったことなどから、[*24] 蝦夷の意志が合議結果とは異なるものであったこと、裏を返せばあくまでも合議の場においては、大臣の私意を通すことは慎まねばならなかったことを示している。これは推古朝の合議においても、大臣が発言しないこととも重なってくる。先の皇嗣選定に際して、最終的に見解の異なる境部摩理勢（さかいべのまりせ）の抹殺に至ったのも、当時の合議体制の未熟さであるだけでなく、理念のうえではそれだけ群臣による全会一致が重視されたためと考えられる。[*25]

天皇と合議

次に、天皇の合議への関与を検証する。先述のように、推古朝以前の合議は基本的に御前合議であり、また、天皇が群臣一人ひとりに直接問う「歴問」の形式が存在した。史料②のように群臣の意見が対立する場合は、天皇みずから裁定を下している。これに対して、推古朝の合議では、天皇参加の事例をみることはできない。

佐竹昭氏は日本の宮室構造が内裏と朝堂院の二つの部分からなるとみた場合、『周礼』などにある三朝制のうち、燕朝（えんちょう）と治朝（ちちょう）のあり方にきわめて類似しているとし、内裏＝王の空間＝燕朝、朝堂院＝群臣衆議の空間＝治朝と対応関係を示した。[*26] 井上亘氏は佐竹説をふまえ、推古朝で初めて確認される小墾田宮（おはりだのみや）の大門が、「王の空間」と「群臣衆議の空間」を分離せしめたとする。[*27] 本稿でも、推古朝に至り、天皇は合議への関与を大臣を媒介とした間接的なものにとどめ、大臣が合議の統括者となったことを確認している。また、推古朝以降の全会一致という群臣合議の成立条件を想定するならば、小墾田宮において、「王の空間」と「群臣衆議の空間」が分離されたことは、こうした合議の変質にとって適合的であったといえる。

天皇の合議への関与を以上のように捉えた場合、次に、天皇の裁定権に変化はあったのかという問題を検証する。先にみた史料⑤では、合議の決定を天皇が退けており、御前合議であるか不明だが、最終的な裁定権が天皇にあるという『日本書紀』の認識をうかがうことができる。

また、推古紀の将軍らによる合議をみると、「時将軍共議曰、新羅知レ罪服之。強撃不レ可。則奏上。爰天皇更遣二難波吉師神於新羅一。復遣二難波吉師木蓮子於任那一。並検二校事状一。爰新羅・任那二国遣レ使貢調。（中略）則遣レ使以召二還将軍一」[*28]「時将軍等共議以上レ表之。天皇聴矣」[*29]と、「合議→奏上→（検校）」という過程を経て天皇が最終的に裁可している。将軍・副将軍ともに大小徳冠を授与されており、[*30]将軍らの合議は大夫による合議とほぼ同等であった。推古朝の大夫合議においても、将軍らの合議と同様に「合議→奏上」という過程を経て最終的に天皇が裁定したものと考えられる。

さらに、允恭（いんぎょう）即位前紀、継体即位前紀における先帝崩後の皇嗣選定合議では、先帝の意志が問題にされることはなかったのに対して、史料⑦の皇嗣選定合議における群臣の発言「既従二天皇遺命一耳。更不レ可レ待二群言一」や、皇嗣選定過程における大臣蝦夷の発言「其唯不レ誤二遺勅一者也。非二臣私意一」にあるように、推古朝に至って初めて先帝の意志に従うべきことが繰り返し強調されており、合議における天皇の裁定権により重きが置かれている。このことは、天皇の合議への間接的な関与がむしろ天皇の合議機関からの超越であることを示すとともに、群臣には、最終的な裁定権が天皇にあることのより深い自覚を促したと考えられる。吉村武彦氏は、大化前代の王位選定のプロセスには群臣の推挙が必要であったが、皇極が孝徳へ譲位した大化改新によって、王家の意志による継承へと改定されたとする。[*31]王位選定における大化改新の画期性は評価すべきであるが、皇嗣選定合議で初めて天皇の意志が重視された推古朝に、その萌芽はすでに生じていたとみられるのである。

小括

ここまで推古朝における大夫合議制の変質について考察してきた。

㋑推古朝の合議では、大臣は発言せず、合議を開催し、群臣の見解を集約・一本化する役割に徹する統括者へと変化したが、その背景には、全会一致を成立条件とする群臣合議自体の変質があった。

㋺そのため合議で一本化された見解は、大臣の私意ではなく、あくまで群臣の合意であることが強調された。大臣の決定が群臣の合意に優先することもあったが、群臣の統一見解は、大臣にとっても一定程度の重みをもつものであった。

㋩推古朝の合議に天皇の参加はみられないものの、最終的な裁定権は天皇にあった。天皇は合議機関から超越し、大臣が合議の統括者として天皇と群臣のあいだを媒介した。

推古朝における以上のような著しい合議形態の変質、なかでも合議体を構成する大夫に対する統括者としての大臣の別格化は、大夫に徳冠を授けて冠位制の枠内に包摂し、大臣に冠位制を超越する紫冠を獲得させた冠位十二階施行と表裏の関係にあると考えられる。[*32] 大臣は合議体筆頭として中心となって発言する段階から、推古朝に至り、合議で発言せず、合議体の外にあって合議を統括する統括者へと変質したが、これは冠位制の外にあって、冠位制を超越する紫冠を授与された冠位十二階の秩序と重なるのである。

また、全会一致という合議の変質と冠位制創設が関連する理由については、次のように考えることができる。徳冠を授けられ、合議に参加した大夫による合意が、冠位を授与された全廷臣の合意を象徴する、すなわち全廷臣の合意を最上位である徳冠（＝大夫）の合意で代表するのであり、それゆえに冠位制を超越する大臣は合議で見解を述べないのである。[*33] さらに大夫の合意、つまり全廷臣の合意が裁可され、国家意志へと転化すると、全廷臣の合意と天皇の意志がイコールとなり、政治責任の所在が不明確となる。皇帝に決裁権が集中し、政治責任を負うために革命思想と必然的につながる構造をもつ皇帝制と異なり、易姓革命を想定せず、超責任的性格[*34]を備えた天皇制の構造の端緒が、ここに開かれたとみられるのである。

律令制下の日唐の国家機構の特質について、あらためて確認しておきたい。唐の強大な皇帝権力に対し、日本の太政官の存在の大きさが指摘されてきた。[*35] 唐では三省が個別に皇帝に直属し、宰相府も皇帝の諮問機関にとどまり、決裁権はすべて皇帝に集中するが、日本では太政官がすべての官司を統括し、諸司からの申請や議政官が議定した事柄を天皇に奏聞せずに決裁することがあった。[36] 皇帝が強大な権限をもつために、即位の際の遺詔や冊文（さくもん）には、皇帝たるにふさわしい資質が説かれ、[37] 皇帝が徳を失えば天命が革（あらた）まる、つまり革命を起こすことも可能とされた。これに対して、日本の即位宣命では天皇の資質は問われず、天命思想についても、律令国家の天皇観に根本的な影響をほとんど与えなかったとされる。[38] 石尾芳久氏は、中国の君主制思想とは、君主があくまでも責任を担当すべきもので、法上無責任——すなわち神聖不可侵の特権を有するものといえず、そこに革命的なつながりを存するが、日本の君主制思想は、君主に神聖不可侵の権限——法上無責任の権限を認めるとする。[39]

本稿は、天皇制の有する法上無責任の権限を可能とする構造の端緒を、推古朝にはじまる国家意志定立の構造に求めるものである。

十七条憲法にみる合議の思想——衆議

『日本書紀』によれば、冠位十二階は推古天皇一一年（六〇三）一二月に制定、[40] 翌一二年元日に施行された。同年四月には、十七条憲法が制定されている。官人として登用されるべき個人に位階を授ける冠位十二階と、官人としてのあり方を定める十七条憲法は、相次いで制定・施行されていることからも、不可分の関係に置かれた一体の法として考えることができる。[*41] 前項において、冠位十二階の制定・施行と合議制の変質が関連することを論じたが、冠位十二階と密接に関係する十七条憲法にも、新たな合議制の理念が示されているとみられる。

ただし一方で、十七条憲法を偽作とする見方も存在する。憲法に後代の語である「国司」の語が記されること、[*42] 後代の特徴をもつ倭習がみられることなど[*43]が主張されてきた。これらの説をもとにすると、『日本書紀』に記された十七条憲法が推古朝当時の原文のままでないことは確実といえるが、だからといってただちに原文に基づかない偽作と断定することはできない。なぜなら原文表記でなくとも原史料に基づく可能性は否定できないからである。[*44] そのため十七条憲法が原文表記であることを前提として成り立つ偽作説に対して、本稿は、原文表記でなくとも原史料を想定すべきとの視点に立つ。こうした原史料を想定する視点においては、十七条憲法が推古朝当時のものとして妥当か否かを判断するために、まず憲法の思想内容を正確に把握することが重要となってくる。[*45] そのうえで、先に明らかにした当時の合議体制と対照し、憲法の時代性を判断するという手順を踏んでいく。

憲法第一条の「以レ和為レ貴」という一文の出典は、『礼記』儒行篇の「礼之以レ和為レ貴」や『論語』学而篇の「礼之用。和為レ貴」に求められてきた。[*46] これらの書では「礼」との関係から「和」について言及するが、第一条の記述は「礼」を欠いて「和」のみであり、憲法第一条と最後の第十七条は、ともに合議についての規定となっている。しかし、合議体を構成する大夫は大小徳冠を授与されたように、礼制の根幹をなす冠位制と大夫合議制は、不離の関係に置かれていた。また、第四条では「群卿百寮以レ礼為レ本」と礼を重視する。憲法の規定する合議とは、

一曰。以レ和為レ貴。無レ忤為レ宗。人皆有レ党。亦少二達者一。是以或不レ順二君父一。乍違二于隣里一。然上和下睦。諧二於論一レ事。則事理自通。何事不レ成。

十七曰。夫事不レ可二独断一。必与レ衆宜レ論。小事是軽。不レ可二必衆一。唯逮レ論二大事一。若疑レ有レ失。故与レ衆相弁。辞則得レ理。

徒党を組んで、逆らうことなく、[47]上下和睦して為政についての議論を成立させ、独断を排し、大事については「衆」議によって事を決するというものである。憲法は合議の規定ではじまり同様の規定で締めくくられるように、合議に関する内容が憲法の主要なテーマと考えられる。また、「然上和下睦。諧二於論一レ事」にみられる「諧」の字は、調和するという意であり、憲法の説く合議とは、上下が和して話し合い、意見を調和させること、すなわち意見を一致させることをめざすものであったとみられる。[48]

衆議成立の条件

第一条の合議の規定は、さらに法家思想と関わりの深い第十五条に接続される。

十五曰。背レ私向レ公。是臣之道矣。凡人有レ私必有レ恨。有レ憾必非レ同。非レ同則以レ私妨レ公。憾起則違レ制害レ法。故初章云。上下和諧。其亦是情歟。

法を公法として私と対立する関係に置き、公私の関係を厳しく説くのが法家思想の特徴である。[*49]第十五条は「背レ私向レ公」を「臣之道」と定め、人は「私」があるときは恨みの心を生じ、恨みの心が人びとの「同」ぜざる事態を招き、それが「以レ私妨レ公」や「違レ制害レ法」を引き起こすとする。そのうえで「故初章云、上下和諧、其亦是情歟」と、第一条の「上下和諧」した合議は、「臣」が「私」に背くことによって実現されるとした。第一条で「人皆有レ党」とある朋党比周の弊害は、『論語』にも説かれたが、[*50]法家においてもまた強く戒め説くところであり、[*51]こうした点にも第一条と第十五条が内容的に通じる根拠が求められる。

第九条は「信」について述べた条である。

九曰。信是義本。毎レ事有レ信。其善悪成敗。要在二于信一。群臣共信。何事不レ成。群臣無レ信。

万事悉敗。

「群臣共信。何事不レ成」と第一条の「何事不レ成」は同様の記述であり、合議について規定した第一条と第九条もまた、通じ合う内容をもつと想定される。『説文解字（せつもんかいじ）』には「信。誠也。从二人言一」とあり、「信」は「人」と「言」から成り、元来、人の言葉のまことを意味する。出典とされる『論語』学而篇の「信近二於義一。言可レ復也」、あるいは同じく学而篇「与二朋友一交。言而有レ信」[*52]も、人の言葉に関わる信となっている。「信」を仏教との関係で理解する見方もあるが、[*53]憲法に説かれる「信」は、第一義的には合議における群臣の発言に問われるまことであったと考えられる。[*54]冠位十二階において、徳冠の下に通常の五常「仁・義・礼・智・信」と異なる「仁・礼・信・義・智」の位を定め、礼と信を重視しているのも、「礼」と「信」が合議と密接に関わるためであろう。

衆議と仏教思想

第十条は第一条や第十七条の内容と通じ、より仏教色が強められている。

十曰。絶レ忿棄レ瞋。不レ怒二人違一。人皆有レ心。心各有レ執。彼是則我非。我是則彼非。我必非レ聖。

彼必非レ愚。共是凡夫耳。是非之理。詎能可レ定。相共賢愚如二鐶無一レ端。是以彼人雖レ瞋。還恐二我失一。我独雖レ得。従レ衆同挙。

「瞋（しん）」は瞋恚（しんい）ともいい、仏教で貪（とん）、癡（ち）と並んで三毒とされる煩悩であり、「忿（ふん）」は唯識で瞋から派生して起こる煩悩とされる。「凡夫（ぼんぶ）」もまた、仏教と関係する語である。[*55]

「共是凡夫耳」は第一条の「亦少二達者一」に、「我独雖レ得。従レ衆同挙」は第一条の「以レ和為レ貴。無レ忤為レ宗」や「上和下睦。諧二於論一レ事」、第十七条の「夫事不レ可二独断一。必与レ衆宜レ論」に通じる。人には各々心があり、彼が是としても自分は非とし、自分が是としても彼は非とし、なかなか一致し和合することがない。人はともに「凡夫」にすぎず、誰がよく是非の理を定められようか。したがって自分独りが正しいと思っても、「衆」に従って同じく行動しなければならない。

すでに述べたように、憲法では、第一条の内容が第十五条と第九条の内容に、第一条と第十七条の内容が最終的に第十条の内容に通じる構造をとり、これらの条はすべて合議を主題とする。第一条の「以レ和為レ貴。無レ忤為レ宗」や「上和下睦。諧二於論一レ事」、第十七条の「夫事不レ可二独断一。必与レ衆宜レ論」の意が、第十条の「我独雖レ得。従レ衆同挙」の意と重なっており、「上下和諧」した「衆」議とは、「衆」に従って「同挙」することと重なる。すなわち憲法の説く「衆」議とは、合議において上下が和して意見を調和させること、また、「衆」にしたがって同じく行動すること、すなわち合議における一致和合、つまり見解を一致させることをめざすものと考えられる。独断よりも人びとの合意によってこそ、凡夫にすぎない人間も道理に至るのである。これは推古朝以降、群臣の見解一致を成立条件とするようになる大夫合議制の変質と対応するものである。

小括

新羅合議制「和白（わはく）」については、「事必与レ衆議。号二和白一。一人異則罷[*56]」とあるように、一人でも異論があればやめる、つまり全会一致を原則とする合議であった。新羅合議制「和白」と推古朝の合議は、全会一致を原則とする点で共通する。李丙燾氏は、「和白」を一同が和合して建白建議する意と捉えた[*57]。これは「以レ和為レ貴」を説き、合議について「上和下睦」や「上下和諧」と説く十七条憲法の「和」とも通じ合う内容である。また、十七条憲法に記される僧（僧伽）の意は和合であり、それゆえに和合衆と漢訳され、合議制の集団、貴族合議制の国家も意味したという[*58]。

ここまで論じてきたように、憲法の内容と推古朝における合議制の変質が対応する以上、十七条憲法は推古朝当時のものとみるのが妥当な見解と考えられる。さらに、十七条憲法は推古朝の合議の実態を反映するだけでなく、新羅合議制「和白」と通じる内容をもつ。また、そもそも仏教思想自体に合議制と親和的な要素が含まれていた。したがって、十七条憲法は単なる道徳的訓戒ではなく、合議制を主たるテーマとし、新羅合議制「和白」、仏教の合議思想をも参照したきわめて現実的・政策的な法というべきである。

吉川真司氏によれば、「参議」の実態は朝政の場に参会し、決裁を傍聴し、無言の同意を形成することであり、この太政官の「参議」は十七条憲法以来の官司運用の原則である諸司諸国の「共知」(独断せず、一官司全体としての合意を重んじる)に相当するという。[*59] 井上亘氏は、吉川説をふまえ、朝庭という政治の場はまさに「共知」理念を体現する場であったが、それは政治の決裁・施行を庭に侍す官人に傍聴することを義務づけ、その総意として承認せしめることにほかならず、唐の集議に比して日本の朝政にははるかに多くの官人が関与し、官人層全体で太政官の政務を承認する体制をとっていたとされる。[*60]

本稿では、史料⑧の合議について、「朝堂庭」で群臣と伴造に饗宴(きょうえん)を賜るのと同時に行われているが、通常の合議と同様に大臣統括のもとに大夫が合意を形成し、百官が庭に侍して傍聴することによって承認する体制であったと推定する。「共知」理念は十七条憲法に由来するとされ、さらに前項で論じたように、十七条憲法には、合議において合意を形成する重要性が説かれている。また、太政官の決裁・施行を朝庭に侍す官人全体の総意として承認する体制の起源が、史料⑧のように冠位十二階段階に遡るとすれば、最上位徳冠の合意を冠位を授与された全廷臣の合意と見なす推古朝の合議体制に通じるものと考えられる。

おわりに

本稿では、推古朝における合議制の重大な変質、すなわち合議における全会一致の原則の成立およびそれに伴う合議体統括者としての大臣の成立、天皇の合議機関からの超越などの問題を論じてきた。また、推古朝における合議制の変質が冠位十二階の秩序および十七条憲法の思想とも密接に関係することを明らかにした。全会一致という合議形態に限っていえば、律令制下の論奏につながる系譜の起点には、推古朝の合議が存在すると考えられるのである。

ところで、大夫合議制の内実に関して、オホマヘツキミ（大臣）を合議体統括者とするオホマヘツキミ（大臣）―マヘツキミ（臣）制論が説かれている。[*61] オホマヘツキミ―マヘツキミ制は、朝鮮三国に共通する権力集中の政治体制である合議体統括者―貴族合議体と対応関係にあるとされ、「三国に共通する政治体制に関する知識を完成された形で入手」[*62]し、六世紀前半に成立したとされる。推古朝に合議体統括者としての大臣の成立を認める本稿と、オホマヘツキミ―マヘツキミ制論の異同について、最後に述べておきたい。

大夫合議制の成立は、従来、六世紀後半から七世紀前半と考えられ、大夫合議制と冠位十二階との密接な関係が説かれてきたが、[*63] オホマヘツキミ―マヘツキミ制論によって大夫合議制の成立時期が六世紀前半に引き上げられると、大夫合議制およびオホマヘツキミ―マヘツキミ制の成立と冠位十二階の制定・施行時期にずれが生じることとなった。しかしながら、朝鮮三国では、六世紀初頭までに官位制が制定されており、[*64]朝鮮三国の合議体統括者―貴族合議体は、官位を帯する貴族階層によって構成されていたのである。オホマヘツキミ―マヘツキミ制が六世紀前半に成立したとすると、冠位制（七世紀初頭）とは別個に導入されたことになるが、使者の官位が重視される外交[*65]を朝鮮三国と密接に行っていることからも、倭国において、オホマヘツキミ―マヘツキミ制と冠位制を分離して導入したとは考えられない。また、本稿では、合議体統括者としての大臣の役割は、六世紀段階には確認できないこと、推古朝の冠位十二階施行と関係して初めて確認できることを明らかにしている。

以上から、合議体統括者としての大臣の成立は、やはり推古朝とみるのが妥当と考えられる。オホマヘツキミ―マヘツキミ制は、従来、氏族合議制（＝大夫合議制）の内実として理解されてきたが、一方で、オホマヘツキミを合議体統括者とし、権力集中の政治体制とも規定するように、オホマヘツキミ―マヘツキミ制は、本来、権力が分散される氏族合議制とは異質な体制なのであり、むしろ氏族合議制からの変質として推古朝に想定すべきであろう。鈴木英夫氏によれば、新羅合議制の源流は五世紀にあり、官位を不要とする点で王と対等であった有力な六部（りくぶ）[*66]の代表によって構成されていたが、王権の超越と官位制の貫徹とともに、合議制も変質もしくは解体したとする。[*67] 倭国においても、推古朝の冠位制創設と連動して、天皇の合議機関からの超越、合議体統括者としての大臣の成立、合議における全会一致の原則の成立などの氏族合議制（＝大夫合議制）の変質が、一連の政策として展開されたと考えられるのである。[*68]

ただし、推古朝に氏族合議体からの一定程度の変質がみられるとしても、合議に加わる群臣は大小徳冠が授与された者たちで、彼らはほぼ同格であった。推古朝以降、蘇我系官人が合議体構成員の三分の一を占め、氏族合議体の性格が変質していったとの指摘もなされているが、[*69] 合議体構成員の冠位がほぼ同格であること、合議体統括者としての大臣があくまで合議体外・冠位制外にあることからも、依然として氏族合議体の要素を色濃く残存させていたとみられる。これに対して、律令制下の論奏では、冠位制を超越する大臣は存在せず、議政官が官位により序列化されるとともに、律令制下の議政官組織が旧氏族による合議体とは異なることも明らかにされている。[*70] 大夫合議制から論奏に至る過程および冠位十二階から位階制へ至る過程には、推古朝を起点とする系譜的連続性とともに、その変化の側面についても論じる必要があると思われるが、そうした点のみここでは指摘しておく。

［註］

1 黒板勝美「聖徳太子と大日本の建設」（平安考古会編『聖徳太子論纂』平安考古会、一九二一年）、坂本太郎「大化改新の研究」（『坂本太郎著作集　第六巻　大化改新』吉川弘文館、一九八八年、初出は一九三八年）。

2 古代国家形成史の研究史については、北康宏「国家形成史の過去と現在」（『歴史評論』八〇九、二〇一七年）、同「改新詔文飾論と改新否定論の課題」（『日本史研究』六六二、二〇一七年）、熊谷公男「大化改新研究の新潮流と七世紀史研究のこれから」（『歴史評論』八二一、二〇一八年）を参照。

3 白石太一郎「前方後円墳の終焉」（白石太一郎編『古代を考える　終末期古墳と古代国家』吉川弘文館、二〇〇五年）、同「前方後円墳の出現と終末のいみするもの」（白石太一郎・鈴木靖民・寺澤薫・森公章・上野誠編『前方後円墳の出現と日本国家の起源』KADOKAWA、二〇一六年）、広瀬和雄「東国における前方後円墳の終焉」（広瀬和雄・太田博之編『前方後円墳の終焉』雄山閣、二〇一〇年）、同『前方後円墳の世界』（岩波書店、二〇一〇年）。

4 関晃「大化前後の大夫について」（『関晃著作集　第二巻　大化改新の研究　下』吉川弘文館、一九九六年、初出は一九五九年）、原島礼二「大夫小論覚書」（『歴史評論』一一三、一九六〇年）、武光誠「冠位十二階の再検討」（『日本古代国家と律令制』吉川弘文館、一九八四年、初出は一九七七年）、虎尾達哉「参議制の成立」（『日本古代の参議制』吉川弘文館、一九九八年、初出は一九八二年）、平野邦雄「推古朝の政治」（『大化前代政治過程の研究』吉川弘文館、一九八五年）、加藤謙吉「大夫制と大夫選任氏族」（『大和政権と古代氏族』吉川弘文館、一九九一年、初出は一九八六年）、倉本一宏「氏族合議制の成立」（『日本古代国家成立期の政権構造』吉川弘文館、一九九七年、初出は一九九一年）、佐藤長門『日本古代王権の構造と展開』（吉川弘文館、二〇〇九年）、原朋志「令制以前のマヘツキミと合議」（『ヒストリア』二〇九、二〇〇八年）。

5 川尻秋生「日本古代における合議制の特質」（『歴史学研究』七六三、二〇〇二年）。

6 鈴木琢郎「大臣制の成立と日本古代の君臣秩序」（『日本古代の大臣制』塙書房、二〇一八年）。

7 仁藤敦史「倭京から藤原京へ」(『古代王権と都城』吉川弘文館、一九九七年、初出は一九九二年)、遠山美都男「舒明天皇即位前紛争の一考察」(『古代王権と大化改新』雄山閣、一九九九年)。

8 黛弘道「冠位十二階考」(『律令国家成立史の研究』吉川弘文館、一九八二年、初出は一九五九年)、前掲註4「大化前後の大夫について」。

9 前掲註4「冠位十二階の再検討」、増田美子「冠位十二階と冠位制の変遷」(『古代服飾の研究』源流社、一九九五年)。

10 前掲註4「参議制の成立」、前掲註4「大夫制と大夫選任氏族」、前掲註4「令制以前のマヘツキミと合議」。

11 雄略紀十四年四月甲午朔条。

12 孝徳紀大化元年七月己卯条にも「歴問」の記事がみえるが、大臣を通じての「歴問」であり、天皇が直接「歴問」する史料②の形式とは異なる。

13 宣化紀元年五月辛丑朔条。

14 宣化紀元年二月壬申朔条に「阿倍大麻呂臣為二大夫一」とある。

15 直木孝次郎「屯倉の管理形態について」(『飛鳥奈良時代の研究』塙書房、一九七五年、初出は一九六八年)、仁藤敦史「古代王権と「後期ミヤケ」」(『国立歴史民俗博物館研究報告』一五二、二〇〇九年)、森公章「国造制と屯倉制」(『岩波講座日本歴史 第2巻 古代2』岩波書店、二〇一四年)、吉村武彦『蘇我氏の古代』(岩波書店、二〇一五年)。

16 合議と会食が一体的に行われることは、史料⑧も同様であり、事例も少なくない。外記政—南所食、その原型としての官政—朝所食の太政官政務と会食の一体的関係が指摘されている(吉川真司「申文刺文考」(『律令官僚制の研究』塙書房、一九九八年、初出は一九九四年))。

17 佐藤長門「倭王権における合議制の機能と構造」(前掲註4書所収、初出は一九九四年)、前掲註5「日本古代における合議制の特質」。

18 前掲註7「倭京から藤原京へ」、前掲註7「舒明天皇即位前紛争の一考察」。

19 川尻秋生（前掲註5「日本古代における合議制の特質」）は、史料⑥の合議について、臣下が自分の見解を独自に述べ、異見を並立することも可能で見解を一本化させる必要のないA型の合議とし、推古は田中臣の意見に従ったとする。鈴木琢朗（前掲註6「大臣制の成立と日本古代の君臣秩序」）も、史料⑥の合議では、群臣合議の結果（提出された全意見）が奏宣者により天皇に奏上されたとする。ここから川尻氏、鈴木氏ともに「則不㆓果征㆒焉」を群臣合議の論争をふまえた推古の裁定と捉えていることがわかる。つまり川尻氏は史料⑥をA型の合議と捉えたのであり、こうした史料⑥の解釈とともに史料⑦を合議の事例から除外する点が、大化前代の合議を全会一致を必要としないA型の合議とする川尻氏の主張の根拠となっている。

20 推古紀三十一年是歳条。

21 倉本一宏（前掲註4「氏族合議制の成立」）は、大臣の職掌のひとつとして外交の責任者をあげ、李在硯「大化前代における大臣の位相」（瀧音能之編『日本古代の都と鄙』岩田書院、二〇〇五年）は、大臣が外交の主導権を握っていたとする。

22 門脇禎二「『国司』の任命と『無改換』問題」（『「大化改新」史論 上』思文閣出版、一九九一年、初出は一九七六年）、同『蘇我蝦夷・入鹿』（吉川弘文館、一九七七年）は、「授位」とは「国司」に関わるもので、冠位十二階の冠位でも律令制の位階でもなく官に近いとするが、これに対し、平野邦雄（前掲註4「推古朝の政治」）、佐藤長門「倭王権における合議制の史的展開」（前掲註4書所収）は、合議の三日後、対抗処置として蝦夷が入鹿に「紫冠」を授けて「大臣位」に擬しており、「国司」のみならず、群臣の位次も共議されたとする。

23 皇極紀二年十月壬子条。

24 皇極紀三年正月乙亥朔条に「以㆓中臣鎌子連㆒拝㆓神祇伯㆒。再三固辞不ㇾ就。称ㇾ疾退居㆓三嶋㆒」とあり、みずからの意志と異なる神祇伯を固辞して、病を口実に朝参しない例がみられる。

25 新羅合議制「和白」も全会一致を原則とする合議であり、異論を出した者を処刑する例がみられる（『三国史記』新羅本紀、法興王十五年条）。

26 佐竹昭「藤原宮の朝廷と赦宥儀礼」（『古代王権と恩赦』雄山閣、一九九八年、初出は一九八八年）。

27 井上亘「推古朝の朝政」（『日本古代朝政の研究』吉川弘文館、一九九八年、初出は一九九五年）。

28 推古紀八年是歳条。

29 推古紀三十一年是歳条。

30 推古紀三十一年是歳条。

31 吉村武彦「古代の王位継承と群臣」（『日本古代の社会と国家』岩波書店、一九九六年、初出は一九八九年）。

32 上野利三「冠位十二階に関する新説について」（『芸林』六一―一、二〇一二年）には、冠位十二階についての通説的見解とそれを示す諸論著、および大臣と王族にも徳冠が授与され、紫冠を徳冠と見なす北康宏「冠位十二階・小墾田宮・大兄制」（『日本古代君主制成立史の研究』塙書房、二〇一七年、初出は二〇一〇年）の新説への批評が示されている。本稿でも、冠位制制定以降、大臣には合議体統括者の性格が付与されたことを論じており、大夫と同格の徳冠が大臣に授与されたとは考えられない。また、孝徳紀大化四年四月辛亥朔条の「罷㆓古冠㆒。左右大臣、猶着㆓古冠㆒」について、関晃「推古朝政治の性格」（前掲註4書所収、初出は一九六七年）は、「古冠」を冠位十二階および大臣の紫冠とし、古冠をやめても左右大臣がなお古冠を着した事態について、左右大臣だけは新制の序列に組み込まれることを拒否したためとする。そこには左右大臣という地位が世襲職であって、他氏に移るものではないとの了解があり、翌大化五年三月に阿倍内麻呂が死ぬと、旬日を出でずして右大臣が讒死した事件もこのことと関連があるとした。若月義小「孝徳朝の冠位改定の意義」（『冠位制の成立と官人組織』吉川弘文館、一九九八年）は、「古冠」を冠位十二階および大臣の紫冠、王族の礼冠とし、左右大臣がなお古冠を着した事態について、古冠をやめる時点で世襲大臣を冠位制に組み込み、世襲身分としての属性や叙爵権への関与を否定することが決定されていたためとする。本稿でも、『日本書紀』の紫冠の記述は大臣の地位とのみ関係して現れること、また、左右大臣が古冠すなわち紫冠をなお着したことは、本来、世襲大臣は冠位制を超越した地位にあるとの認識を前提とする、冠位制に組み込まれることに対する抵抗であったと解したい。

33　井上亘（前掲註27「推古朝の朝政」）は、前代の群臣合議の事例がみな御前合議であるのに対して、推古朝に御前合議はまったくみられず、大臣―大夫らが独自に政策を決し、大臣が事実上の決裁者となるとする。しかし、大臣は推古朝の合議では発言しないのであり、推古朝の合議での決定はあくまでも徳冠の合意であり、冠位制外の大臣は決裁者ではなく、合議体の外にあって合議を統括する合議体統括者と捉えるべきである。

34　「超責任的性格」という用語については、『改訂新版　世界大百科事典19』（平凡社、二〇〇七年）の項目「天皇」の中の橋本義彦「太政官政治と天皇」において、「皇位の超責任的性格」「天皇の超責任性」とあり、また、石尾芳久「古代国家の太政官制度」（『日本古代天皇制の研究』法律文化社、一九六九年）に、「天皇の超責任的地位」とあるのに従った。

35　前掲註34「古代国家の太政官制度」、坂上康俊「日・唐律令官制の特質」（土田直鎮先生還暦記念会編『奈良平安時代史論集　上』（吉川弘文館、一九八四年）、早川庄八『日本古代官僚制の研究』（岩波書店、一九八六年）、佐々木宗雄「日唐国家機構の特質」（『日本古代国制史論』吉川弘文館、二〇一一年）。

36　前掲註35「日唐国家機構の特質」。

37　尾形勇「古代帝国の秩序構造と皇帝支配」（『中国古代の家と国家』岩波書店、一九七九年）。

38　関晃「中国的君主観と天皇観」（『関晃著作集　第四巻　日本古代の国家と社会』吉川弘文館、一九九七年、初出は一九七七年）。

39　前掲註34「古代国家の太政官制度」。

40　『上宮聖徳法王帝説』によれば乙丑年（六〇五年〈推古天皇一三年〉）。

41　なかでも冠位十二階は小墾田宮における元日儀礼を前提として制定され、小墾田宮の造営と一連の政策であるといわれている（中林隆之「古代国家の形成と仏教導入」〈『日本古代国家の仏教編成』塙書房、二〇〇七年〉、古市晃「統合中枢の成立と変遷」〈『日本古代王権の支配論理』塙書房、二〇〇九年〉）。冠位十二階と十七条憲法のみならず、官人が朝参した小墾田宮の造営についても、一連の政策であることが考えられる。

42 津田左右吉『津田左右吉全集　第二巻　日本古典の研究　下』（岩波書店、一九六三年、初出は一九五〇年）。また、本書は十七条憲法の全体についても氏族制度の時代にふさわしい内容となっていないことを指摘するが、本稿では、推古朝における合議の変質が氏族合議制からの一定程度の変質であること、氏族合議制からの変質は天皇の合議機関からの超越を伴うことを述べている。

43 森博達『日本書紀の謎を解く』（中央公論新社、一九九九年）。

44 吉村武彦『聖徳太子』（岩波書店、二〇〇二年）、森田悌『推古朝と聖徳太子』（岩田書院、二〇〇五年）、曾根正人『聖徳太子と飛鳥仏教』（吉川弘文館、二〇〇七）。

45 石井公成『聖徳太子』（春秋社、二〇一六年）、東野治之『聖徳太子』（岩波書店、二〇一七年）は、十七条憲法の内容をもとに、推古朝当時のものとしてふさわしいと推定する。

46 村岡典嗣「憲法十七條の研究」（『日本思想上の諸問題』創文社、一九五七年）、福井康順「十七条憲法所引外典考」（聖徳太子研究会編『聖徳太子論集』平楽寺書店、一九七一年）。

47 石井公成「聖徳太子像の再検討」（『佛教史學研究』五〇—一、二〇〇七年）、同「聖徳太子論争はなぜ熱くなるのか」（『駒澤大學大學院佛教學研究會年報』四〇、二〇〇七年）は、「無レ忤」の語は、中国南朝梁や陳において、鳩摩羅什訳『成実論』の教理に基づき大乗経典を研究した成実論師の僧伝に集中的にみられると指摘する。このことは、導入時の倭国の仏教が中国南朝梁の仏教であったとの指摘（上川通夫「ヤマト国家時代の仏教」（『日本中世仏教形成史論』校倉書房、二〇〇七年、初出は一九九四年））とも関係する。

48 石井公成（前掲註45『聖徳太子』）によれば、「諧」の原義は正しい音程と一致することであり、上下が和して意見の一致をめざして話し合うこととされる。

49 「夫立二法令一者。以廃レ私也。法令行而私道廃矣。私者所二以乱一レ法也」（『韓非子』詭使篇）、「能去二私曲一就二公法一者。則民安而国治。能去二私行一行二公法一者。則兵強而敵弱」（『韓非子』有度篇）。

50 「子曰。人之過也。各於二其党一」（『論語』里仁篇）。

51 「大臣挟二愚汚之人一。上与レ之欺レ主。下与レ之収レ利侵漁。朋党比周。相与一レ口惑レ主。敗レ法以乱二士民一。使二国家危削一。主上労辱一。此大罪也」(『韓非子』孤憤篇)。

52 前掲註46「憲法十七條の研究」、前掲註46「十七条憲法所引外典考」。

53 井上亘「十七条憲法と聖徳太子」(『偽りの日本古代史』同成社、二〇一四年)。

54 衆議をテーマとする第一条と第十七条が仏教色の強い第十条の内容と重なってくるように、「信」の意も、第一義的には衆議での群臣の発言に問われる「信」であるが、背後に仏教における「信」の意と重なる点が十七条憲法特有の構造といえる。

55 石井公成「伝聖徳太子『憲法十七条』の「和」の源流」(『天台學研究』十、ソウル、二〇〇七年)は、第十条は、親鸞の「罪業深重の凡夫」という自覚に似ているとして尊重されてきたが、仏教であれば「凡夫」は愚人にほかならず、第十条で「聖」と「愚」以外が凡夫とされているのは、『論語』里仁篇の「唯上知與下愚不レ移」に関する六朝の解釈に基づいているとする。しかし、群臣を在家信者と想定すれば、第十条の「凡夫」は、「聖」と「愚」以外の中間の人という意に加え、仏教の真理を悟った聖者に対する未だ悟りを得ていない凡夫の意と二重の意味が想定されることに意義があろう。

56 『新唐書』東夷伝新羅条。

57 李丙燾「古代南堂考」(『韓国古代史研究』学生社、一九八〇年)。

58 望月信亨『仏教大辞典 第四巻』(仏教大辞典発行所、一九三五年)、中村元『仏教語大辞典 下巻』(東京書籍、一九七五年)、総合仏教大辞典編集委員会編『総合仏教大辞典』(法蔵館、二〇〇五年)、石井公成『東アジア仏教史』(岩波書店、二〇一九年)。

59 前掲註16「中文刺文考」。

60 井上亘「参議朝政考」(前掲註27書所収)。

61 黒田達也『朝鮮・中国と日本古代大臣制』(京都大学学術出版会、二〇〇七年)、前掲註4「氏族合議制の成立と展開」、倉本一宏「朝鮮三国における権力集中」(前掲註4書所収)、遠山美津男『古

代王権と大化改新』（雄山閣、一九九九年）、同『蘇我氏四代』（ミネルヴァ書房、二〇〇六年）。

62 前掲註4「氏族合議制の成立」。

63 前掲註8「冠位十二階考」、前掲註4「大化前後の大夫について」、前掲註4「冠位十二階の再検討」、前掲註4「推古朝の政治」、前掲註4「大夫制と大夫選任氏族」。

64 武田幸男「六世紀における朝鮮三国の国家体制」（『東アジアにおける日本古代史講座4 朝鮮三国と倭国』学生社、一九八〇年）。

65 石母田正「国家成立史における国際的契機」（『日本の古代国家』岩波書店、一九七一年）、大隅清陽「古代冠位制度の変遷」（『律令官制と礼秩序の研究』吉川弘文館、二〇一一年、初出は一九八六年）。

66 武田幸男「新羅六部とその展開」（『朝鮮史研究会論文集』二八、一九九一年）によれば、新羅六部とは、京都を中心に居住する社会的・政治的集団であったとされる。

67 鈴木英夫「六世紀の新羅王権の展開と「合議制」」（『千葉大学人文研究』二九、二〇〇〇年）。

68 複数の大夫が参議・奏宣に当たったことを記す確実な史料が、推古朝以後のものに限られることから、大夫の活躍が本格化するのは推古朝であるとの興味深い指摘もなされている（前掲註4「冠位十二階の再検討」）。

69 前掲註4「氏族合議制の成立」。

70 長山泰孝『古代国家と王権』（吉川弘文館、一九九二年。初出は一九八一年）、倉本一宏「議政官組織の構成原理」（前掲註4書所収、初出は一九八七年）。

聖徳太子と織田信長

小路田泰直

昨年、NHKが「麒麟（きりん）がくる」を放映したことをきっかけに、思わぬ明智光秀ブームが起きた。もしコロナ禍がなければ、光秀が根拠地とした京都府下の亀岡や福知山は、観光客であふれかえったたろう。恨むべくはコロナ禍であった。

そして明智光秀に焦点があたれば、当然、人が謎解きに走るのは本能寺の変であった。その真相は如何に、諸説入り乱れた。私なども、けっこうワクワクしながら、テレビ画面で戦わされる新説、珍説に感じ入ったり、笑ったりさせていただいた。

ただ一つだけ、語られない説があるように思えた。それは、信長は叶うならば非業の死を遂げたがっており、その思いを遂げさせるために、光秀は信長を殺したとする説である。さすがに珍説の部類に数えられそうだが、私はこれが一番真相に近いのではないかと思っている。

そこで思い出してほしいのは、安土城をつくったとき、信長は神になろうとした、ということである。ルイス・フロイスが伝え、多くの歴史家がさもありなんと思っている事実である。一応信じていい事実のようである。ただ問題は、ではどのようにして彼は神になろうとしたのか、である。誰もそれには触れない。

人が人でありながら神(絶対者)になる方法は二つしかない。不老不死の力(あるいは妙薬)を得るか輪廻を繰り返すことによって、無限の経験を積み重ね、全知を獲得するという方法(仏陀の方法)が一つ、今一つが、死から蘇ることによって、みずからへの神=霊の宿りを証明するという方法(キリストの方法)である。信長はどちらの方法を選んだのだろうか。何かあると幸若舞を舞い、「人間五〇年」と叫び続けた彼が、前者の方法を選んだとは思えない。ならば後者の方法を選んだのだろう。

となると信長は、キリストに匹敵する非業の死を遂げるために、ほぼ無防備な状態で本能寺に入り、腹心光秀によって殺されたということになる。当然死後旬日を経ずして蘇ることを前提に、である。私の考えが成り立てばそうなる。したがって本能寺の変の真相を探るのに、殺した側の光秀の動機をいくら詮索してみても無駄である。どのみちたいした動機は得られない。変の動機は、じつは殺された側にあったのである。光秀はただ吸い寄せられるように本能寺に導かれ、気づけば信長を殺していたのである。それだけ光秀は信長に忠実だった、ということなのかもしれない。

さて、以上は当然仮説だが、そうなると気になるのが、信長世界と聖徳太子世界の奇妙な重なりである。信長が天下統一の拠点とした安土城の周辺——愛知川に沿った地域——には、聖徳太子ゆかりの寺々が建ち並ぶ。湖東三山のひとつ百済寺や、石馬寺、観音正寺、長命寺などなど、である。いずれも寺伝によるが、百済寺は推古天皇一四年(六〇六)に、聖徳太子みずからが、日本の仏教発展のために貢献した百済僧道欣・恵聡・観勒らのために建立した寺であり、石馬寺は、寺地を求めて東近江を訪れていた太子（厩戸皇子）の乗馬が、たまたま歩みを止めたことがきっかけとなって建てられた寺であり、観音正寺は、太子が、苦しみから救ってほしいという人魚の願いを聞き入れて建てた寺である。また長命寺は、太子が武内宿禰ゆかりの長命山を訪れたとき、宿禰が記した「寿命長遠諸願成就」との文字が浮かび上がって見えたことをきっかけに建てた寺である。

この重なりは、はたして偶然なのだろうか。私には、どうもそうは思えないのである。信長の聖徳太子に対する憧憬、さらにはそれが転じて生まれた敵愾心がもたらした重なりではなかったのかと思えるのである。というのも、信長の前に、死してのち蘇り、人でありながら神になろうとした人物がもう一人いた。先にも述べたように、それは聖徳太子であった。だからであった。

事実、湖東地方には信長が、聖徳太子に憧れ、競争心を抱き、最後は抹殺するに至る物語がさまざまな伝承となって残っている。たとえば『聖徳太子と信長の馬かけ』（株式会社アトリエ・イオス、二〇一五年）の著者平居一郎氏が祖父母から聞いたことを書き留めた、次の〈お婆のかたり〉である。

> ゑちがわ村から百済寺へいく太子みちを、わがままな織田信長ちゅうお殿さんと聖徳太子さんが馬かけ競争をしやはってな。
>
> お殿さんは太子さんの空を飛ぶお馬を借りやはったのやけんど、ほれでもお殿さんは太子さんに負けはったんや。
>
> そいたらな、ほの腹いせに太子さんがたてはった百済寺を、ぜんぶ燃やいせしまはって、

お寺にいやはったお坊さんや女の人や子どもや年寄りまで、ぜーんぶ殺さはってな。
ほんなむちゃをしゃはったお殿さんを、家来の明智光秀ちゅう人が怒らはってな、京の本能寺で天罰をあてはったんやて。[*1]

少し平居氏の解説を足すが、信長は聖徳太子に憧れ、百済寺を「織田家一生の菩提寺」[*2]と崇めてみたり、太子が乗って富士山の上を飛んだ名馬甲斐の黒駒を手に入れようとしてみたりする。しかし、やがて競争心が湧き起こり、百済寺の赤門までの「馬かけ」を太子に申し入れるが、あっさりと負けてしまう。すると今度は逆上し、審判の役割を命じた明智光秀に乱暴を働き、それを太子にたしなめられると、ついには百済寺を全山焼いてしまう。こうした物語である。

こうした物語が語り継がれる背景には、やはり信長が、人でありながら唯一絶対の神になるためには、太子のあとを追い、最後は太子に取って代わるしかなかったという事情があったのではないだろうか。彼が繁栄を誇り、堅牢な中世山城の体を成していた百済寺を全山焼き討ちにし（元亀四年〈一五七三〉）、焼け残った石塁を安土城建設にあてたことなども、たまたま百済寺が信長と敵対する六角承禎の側についたからではなく、太子の霊を湖東一帯から取り除くための所業だったのではないだろうか。みずからが神になるための地から、前任の神を追い払い浄化するために、彼は百済寺を焼き尽くしたのである、というのは考えすぎだろうか。

ちなみに彼が焼き払ったのは百済寺だけではない。石馬寺も、聖徳太子開基と伝えられる修験の山太郎坊宮も焼き払っている。平居一郎氏はその点を「愛知川沿いには聖徳太子ゆかりの寺が、四十八ヶ寺あったと伝わっていますが、その寺々は戦国時代の覇者、織田信長によってほとんどが焼きはらわれました」[*3]とまとめている。

しかしここまで言うと、一つ疑問が湧いてくる。では、なぜ松永久秀を信貴山に攻め滅ぼしたとき、信長は同時に法隆寺を焼き払わなかったのだろうかという疑問である。今のところ、答はない。さすがに法隆寺に住まう聖徳太子の霊力には敵わなかったからかもしれない。

では最後に、信長は聖徳太子同様、蘇ったのだろうか。信長の妹お市の方の三人の娘の数奇な人生や、光秀が生存しのちに天海となって徳川幕府の建設を助けたとの説がまことしやかに語られる様をみると、蘇ったのかもしれない。その場合、光秀＝天海は、さしずめキリストを弾圧したのち、キリスト復活の生き証人となったパウロの役割を担ったことになるのではないだろうか。

［註］

1 平居一郎『聖徳太子と信長の馬かけ』（株式会社アトリエ・イオス、二〇一五年）、九頁。
2 前掲註1『聖徳太子と信長の馬かけ』、一六頁。
3 前掲註1『聖徳太子と信長の馬かけ』、二五二頁。

奈良女子大学
KeiHanNa
けいはんな講座
00

五三〇年代の異常気象とその影響

西谷地晴美

仏教伝来

聖徳太子を語るには、日本への仏教伝来を取り上げないわけにはいかないだろう。もし日本に仏教が伝来していなければ、聖徳太子が歴史上これだけ有名になることはなかったからである。

高校で日本史Bを習った人なら誰でも知っているように、日本への仏教伝来の時期をめぐっては、二つの説があった。一つは『日本書紀』の記述に基づく五五二年説であり、もう一つは『日本書紀』以外の後世の史料に書き残された五三八年説である。

古代史の専門家は、東アジアで流布した何種類かある末法元年のとらえ方のうち五五二年がその一つに該当する点などから、五五二年説は『日本書紀』によく見られる潤色記事、あるいは創作記事と判断し、一時は五三八年説が有力視されていた。しかし、近年の研究では、いずれの説も史料的根拠を失っているようである。[*1]

六世紀に関する日本列島の歴史を、今に残された文字史料だけで復元しようとすれば、おのずと限界に突き当たるだろう。考古学の研究成果は、そのような文字史料がもつ宿命を補う役割を果たしてきたが、一年単位のような年代解明の精度の面では、やはり大きな弱点を抱えている。

一方、近年の自然科学が提示するデータは、その限界を突き破る可能性を秘めている。しかし日本史を専攻する文化系研究者にとって、自然科学系のデータは敷居が高く、大化前代を専門の時代とする文献史学の研究者がじつはほとんどいないこともあって、これまでは当該期の自然科学系データを、歴史家が真剣に検討することはなかったようである。

デイヴィッド・キーズ著『西暦535年の大噴火』

たとえば今から二〇年以上前になるが、二〇〇〇年にデイヴィッド・キーズ著『西暦535年の大噴火』[*2]（原著名は『カタストロフ』）が出版されている。デイヴィッド・キーズは考古学部門を担当してきたイギリスのジャーナリストであるが、その序章は次の記述からはじまる。

西暦五三五年ないし五三六年に、人類史上でも最大級の天災が発生した。いちばん可能性が高いのは巨大な火山爆発だが、あるいは、小惑星が地球に衝突したのかもしれない。ともあれ、この出来事を出発点として、近代・現代に至る世界史の流れが始まったのである。以後一年半、太陽の光と熱はその大半が地球に届かなくなり、その結果、気象が混乱し、飢餓、移民、戦争、そして大規模な政変がほぼすべての大陸で起こった。世界の四地域、つまりアフリカ+ユーラシア（東はモンゴルから西はイギリスまで、北はスカンジナヴィアから南はアフリカ南部まで）、極東（中国、朝鮮半島、日本）、メソアメリカ、そして南アメリカは異常な変動に見舞われ、世界史は劇的な変化をとげた。

この話が本当ならば、なんともスケールの大きな話である。この本で日本はどう書かれているのだろうか。本稿とも深く関係するので、少し詳しくみておこう。

『日本書紀』の記事

当時の日本の状況は、「飢えと疫病にあえぐ日本」と題して、まず次のように記されている（同書二二三九頁）。

「食は天下の本（もと）である。黄金が万貫あっても、飢えをいやすことはできない。真珠が一千箱あっても、どうして凍えるのを救えようか」（『日本書紀』）

日本の代表的な年代記『日本書紀』によると、宣化天皇は五三六年の詔の中にこのような言葉を残された。『日本書紀』は全十二万語に及ぶ大著だが、このような記載はほかに一カ所もない。しかもこの文章が、ちょうど同じ時期に世界中に広まっていた天候異変とまったく同一の現象を記していることは、決して偶然ではない。

ここに引用されている「食は天下の本である」からはじまる現代語訳は、宣化元年（五三六）五月の詔であり、筑紫国の那津屯倉（なのつのみやけ）の設置を命じた著名な記事の冒頭部分である。キーズは、このあとに五三六年の朝鮮の干ばつと伝染病の発生を、朝鮮の『三国史記』を使って指摘し、五四〇年に『日本書紀』で初めて移民数の統計が記されている点から、「五三〇年代にとくに大勢の移民が日本に流入したこと」を読み取るなど、災害史の分析としては玄人はだしの記述を展開している。そのうえで、さらに以下の指摘を行う（同書二四一頁）。

ここで重要なことを一つ言っておくが、『日本書紀』の編纂者たちは、おそらくはコントラストを付けようとして、五三六年の「飢え」と「凍え」の文章の直前に、次の文章を書き入れた（ないしは昔の史料から選んで入れた）。それは五三五年の記載で、世の中がすべてうまく運んでいるとの、前代未聞の記入である。

「このところ毎年穀物がよく稔（みの）って、辺境に憂えもない。万民は生業に安んじ飢餓もない。

天皇の仁慈は全土に拡がり、天子を誉める声は天地に充満した。内外平穏で国家は富み栄え、わたしの喜びは大変大きい。人々に酒を賜り、五日間盛大な宴を催し、天下こぞって歓びをかわすがよい」

翌五三六年、世の中は明らかに落ちつきを失う。「黄金が万貫あっても、飢えをいやすことはできない」という文の直後には、籾をある地域から別な地域へ運ぶようにとの計画が略述されている。たとえば籾はある地域へ発送すべきであり、その地域には倉を建てるべきである。このような方法で「非常に備えて民の命を守るべきである」と。

ここに引用されている「このところ毎年穀物がよく稔って」からはじまる現代語訳は、安閑二年（五三五）正月の詔である。キーズは、五三五年正月に出された安閑による治世平穏をみずから祝う詔と、五三六年五月に出た宣化による屯倉設置の詔を対比して、そのあいだに「気象異変」があったことを主張し、筑紫国の那津屯倉の設置はその「気象異変」対策であったと解釈しているわけである。五三八年の仏教伝来を、彼がこの文脈上で理解していることは、あらためて言うまでもない。

古代史の専門家と世間の評価

デイヴィッド・キーズのこの主張に対して、日本古代史の専門家がどのような反応を示したのかは、寡聞にして知らない。たとえば、二〇〇九年に発表された仁藤敦史氏の論文「古代王権と『後期ミヤケ』」[*3]では、「九州筑紫の『那津官家』に対する諸国屯倉からの食料集積はこうした（百済との―西谷地）軍事対決路線における後方兵站基地としての役割があったと考えられ」、「安閑・宣化期にみえる諸国屯倉の大量設置記事はこうした背景で理解すべき」とし、『西暦535年の大噴火』への言及はまったくない。

もちろん『日本書紀』によれば、前述したように五三五年正月に安閑が治世平穏を祝う詔を出しており、この時期に大きな自然災害の記事もみえないので、那津屯倉の設置を命じた宣化元年五月の詔を、仁藤氏のように当該期の対外関係から解釈する余地があるかもしれない。また、この詔の冒頭にある「食者天下之本也。黄金萬貫、不レ可レ療レ飢。白玉千箱、何能救レ冷」という文言は、衣食に関する統治理念を述べている箇所であって、歴史的実態を示しているわけではない。歴史家ならば誰でも身につけているこういった史料解釈上の基礎知識も、この詔を対外関係から読み解こうとする考え方の追い風になり得るだろう。

しかし、那津屯倉の設置の詔にある「収二蔵穀稼一、蓄二積儲粮一、遙設二凶年一」の「凶年」という言葉が、不作や飢饉を示している点は明らかであり、キーズの想定通り、「以備二非常一、永為二民命一」の「非常」という表現も、この場合は自然災害の意味である。那津屯倉の設置目的を、『日本書紀』が外交だけでなく自然災害と絡めて記している点は明らかなのだから、もう少しその点に対する目配りや、あるいは自然科学系の研究を取り込んだ本格的な史料批判が必要だったのではないか。そうすれば、安閑・宣化期に諸国に大量に設置された屯倉の役割を、百済との軍事対決路線とは別の文脈でとらえる可能性も十分にあり得たかもしれない。

とはいえ、二〇二〇年に出た生田敦司氏の論文「六・七世紀の気象変化と『穀』をめぐる諸問題」[*4]ですら、キーズの名はどこにも見当たらない。『西暦５３５年の大噴火』は、歴史家がわざわざ取り上げるほどの価値はないというのが、日本古代史研究者の大方の判断なのであろう。

一方、世間の反応は違った様相を示している。環境史に造詣の深い石弘之氏は、『歴史を変えた火山噴火』[*5]の第七章で、「西暦五三五年に何が起きたのか」と題する内容を要領よく述べているし、二〇一四年には分析化学を専攻する河合潤氏が、『西暦５３６年の謎の大噴火と地球寒冷期の到来』[*6]という新書を出している。河合氏の本は、天の岩屋伝説と五三五年の大噴火を結びつけるなど、この手の本にありがちな思いつきのレベルを出ない記述も目立つが、『西暦５３５年の大噴火』出版後に発表された、当該期の異常気象に関する自然科学系の研究にも言及している点が有益である。いずれにせよ、文献史学の専門家ではない他分野の研究者は、おおむねキーズの見解に肯定的な反応を示しているようである。

五三五年火山噴火説の科学的根拠

キーズは、異常気象の原因はインドネシアのクラカタウ火山が大噴火したためと予想している。噴火したのが地球上のどの火山なのかについてはまだ確定できないものの、当該期における世界的な異常気象の原因が火山の大噴火であったことは、ほぼ間違いないと思われる。その動かぬ証拠があるからだ。

キーズによれば、一九七八年からはじまったグリーンランド氷河のアイスコア酸性度分析によって、当該期にかなりの規模の火山噴火が二度あったことが判明しているという。一度目の噴火は五二七年ないし五三〇年の可能性が高く（誤差は五～八年）、二度目の噴火は五三二年ないし五三四年の可能性が高い（誤差は同様に五～八年）というのが、キーズが著作を世に出した時点でのデータ評価だった。同様の証拠は南極バード氷河（正確には米国の南極バード基地）のアイスコアからも確認されており、年代精度は格段に落ちるが、四九〇～五四〇年のどこかで、「硫酸を含む雪が四年間以上にわたって、南極に滝のように降った」ことを示しているという（同書三五一～三五二頁）。

ところがキーズは、このグリーンランドと南極のアイスコアデータから、次のような判断を下している（同書三五四頁）。

> 以上のことから、南極の氷縞に残っていた四年間の酸性雪と、グリーンランドの二年分（五二七年と五三〇年。ないしは、可能性としては低いが五三一年と五三四年）の氷縞は、「同一の大気汚染現象。天候を変化させた出来事。史料と年輪によれば五三五年ないし五三六年の出来事」の証拠だと判断してよいと思われる。
>
> （中略）では、五三五年のその大噴火はどこで起こったのか？

何を言っているのか訳がわからないという読者の声が聞こえてきそうなので、私なりの解説をしておこう。

当該期の「南極の氷縞に残っていた四年間の酸性雪」と、火山噴火シグナルが確認できる「グリーンランドの二年分の氷縞」と、異常気象の様子が読み取れる「史料と年輪」とを比較した場合、火山噴火の年代にもっとも近いのは「グリーンランドの二年分の氷縞」であり、次が「史料と年輪」で、年代の精度が悪すぎて比較の対象にしづらいのが「南極の氷縞に残っていた四年間の酸性雪」である。しかしキーズは、なぜか「史料と年輪」第一主義をとり、もしかするとあるかもしれない五〜八年の誤差のほうに軸足を置き直すことで、「五二七年と五三〇年」の「グリーンランドの二年分の氷縞」の測定年代を、「史料と年輪」の年代に従属させ、大噴火の時期を五三五年とする荒技を繰り出しているのである。

キーズ説の大きな弱点

しかし、もちろんこれは、正しい解釈とは言いがたい。二種類ある「グリーンランドの二年分の氷縞」の測定年代（五二七年と五三〇年、ないしは五三二年と五三四年）のうち、異常気象の様子が読み取れる「史料と年輪」の年代にもっとも近いのは「五三二年と五三四年」のデータなのだから、地球規模の異常気象を引き起こした火山噴火の年代は、キーズが言うような五三五年ではなく、グリーンランド氷河のアイスコア酸性度が跳ね上がった「五三二年と五三四年」に軸足を据えて判断すべきところである。

私も今から二〇年ほど前に、「中世前期の気候変動と土地所有」というテーマで、キーズと同じような研究を行い、鎌倉期の寛喜の飢饉と正嘉の飢饉の原因が、いずれも火山噴火であることを明らかにしたことがある。[*7] だからなおさら気になるのだが、キーズがなぜこのようなアイスコアデータの解釈をしたのか、私にはよくわからない。過去の火山噴火を研究する自然科学系の分野では、古代と近代の史料精度の違いを重視しないまま、いまだに「史料と年輪」第一主義を引きずっている場合があり、当該期の事例がまさにそのケースに該当しているのかもしれない。

しかし、世に言う「平成の大凶作」を引き起こした一九九三年の強烈な冷夏の原因が、その二年前の六月に起きたフィリピンのピナツボ火山の大噴火であったことが如実に示しているように、異常気象や気象災害の様子を記している「史料」の年代や、成長幅が狭くなった「年輪」の年代と、実際の火山噴火の時期がズレることは、いくらでもあり得ることである。キーズや彼が参照した先行研究は、そのズレの発生可能性を十分には想定していなかったのだろう。

二〇〇八年のラーセン論文

このキーズ説にみられた大きな弱点は、二〇〇八年に修正されることになった。河合潤氏の表現を借りれば、「デンマークのニールス・ボーア研究所のラーセンらが二〇〇八年に報告した論文」がそれで、「五三六年のダストベールの火山原因に関する新しいアイスコアの証拠」と題する研究である。[*8]

この論文を実際に読んでみると、キーズが参照したアイスコアの研究段階に比べて、いくつかの点で大きな改善があったことがわかる。

まずグリーンランド氷河の当該期アイスコアの測定年代誤差は、かつては五〜八年あったが、それが前後二年に改善されている。キーズが当該期の一度目の噴火ととらえた五二七年ないし五三〇年のアイスコア酸性度のピークは、五二九年に統一された。おもしろいことに、この五二九年の火山噴火シグナルは、群馬県にある榛名山の噴火に比定されている。同様に、キーズが二度目の噴火とした五三二年ないし五三四年の酸性度のピークは、五三三年と五三四年の二年間を通じてほぼ均等に見られることもわかった。五三六年のダストベールの原因となった火山噴火は、この五三三年と五三四年にほぼ均等に見られる火山シグナルをさしている。

一方、南極のドロニング・モード・ランドから得られたアイスコアでは、五四二年に火山噴火シグナルが確認され、その年代誤差は前後一七年である。このデータは、キーズが利用したバード基地で採取されたアイスコアデータとは違うので、「南極の氷縞に残っていた四年間の酸性雪」が五四二年の火山シグナルと同じものなのかどうかは、私には判断できない。精度は格段に上がったものの、ラーセンらも認めているように、当該期の火山噴火を年単位で議論するには、南極のアイスコアはまだ十分なデータとはいえないだろう。

ラーセンらは、五三六年のダストベールイベントにこれらのデータを完全に一致させるには、南極のアイスコア年代を六年前にシフトさせ、グリーンランドのアイスコア年代を二～三年後にシフトする必要があるとしているものの、この論文ではそのような二次的操作による年代の一致には、大した意味をもたせてはいない。この二つのアイスコアデータは、五三六年のダストベールを引き起こした原因が、赤道付近にある火山の噴火であったことを示すものであるという至極まっとうな主張が、ラーセン論文の結論である。

五三三年からはじまった火山噴火と日本列島

文化系の読者にとっては、あまりなじみのない異分野の話が続いたので、これまでの記述をふまえながら、本稿の執筆目的を明らかにしていこう。

二〇〇〇年に刊行されたデイヴィッド・キーズの『西暦535年の大噴火』は、それを書店で手にしたことのある日本古代史研究者にとっては、やはり気になる本だったに違いない。世界中の史料を探し回り、年輪年代学の裏付けもとっていたからだ。だが、日本古代史研究に寄与したかどうかという点からいえば、この本には二つの大きな弱点があった。

一つ目の弱点は、『日本書紀』に引用された宣化の詔にみえる「食は天下の本である」からはじまる統治理念の記述を、当時の実態を示した記事であると誤認した点である。もしかすると、苦笑いしながら、この箇所で本を閉じた古代史の専門家がいたかもしれない。だがキーズは日本史の専門家ではないのだから、このような勘違いがあっても一概に責め立てるわけにはいかない。年輪年代学の裏付けもとっていたこの本の主張全体が、この程度の間違いだけで崩れ去ることはないからだ。むしろ私たちがそこから考えるべきことは、世界中の多くの史料や年輪で確認できる当該期の異常気象が、なぜ『日本書紀』では確認できないのか、という点だったはずである。しかし、日本の古代史研究者がその考察を行った形跡はない。

この本の二つ目の弱点は、当該期における世界的な異常気象の原因となった火山噴火の時期を、五三五年としたことである。これにより、『日本書紀』にみえる安閑元年（五三四年）一〇月から翌年（五三五年）五月に至る大量の諸国屯倉の設置記事を、当該期の世界的な異常気象と結びつけて考える道が完全に断たれることになった。キーズ説にしたがえば、諸国屯倉の大量設置は火山噴火の一年前からはじまっていたからである。

しかし『西暦535年の大噴火』を読めば、じつはそうではなかったことが判明する。キーズは、グリーンランドのアイスコアデータに、五二七年ないし五三〇年、および五三二年ないし五三四年の、二つの火山噴火シグナルが残されていることを知っていた。しかしそのデータの使い方を間違えていたのである。世界的な異常気象を引き起こしたのが火山噴火なのであれば、その噴火があったのは五三二年ないし五三四年であるとすべきだった。

測定精度が上がった二〇〇八年のラーセン論文によれば、この火山が激しく噴火していた時期は、五三三年と五三四年の二年間であったことがわかる。要するに、世界的な異常気象の原因となった火山の大噴火が赤道付近ではじまったのは、五三三年であった可能性がもっとも高いことになる。

ならば、安閑元年（五三四年）一〇月からはじまる諸国屯倉の大量設置や、五三八年の仏教伝来を、当該期の世界的な異常気象と結びつけて理解してもよいのではないか。

もし、ラーセン論文が出た二〇〇八年に私がこのような主張をしたとすれば、仮説としての可能性までは否定しないとしても、古代史研究者の多くは、この考え方に簡単には賛同しなかっただろう。五三三年からはじまった火山噴火の影響や、あるいはその火山噴火が引き起こした当該期の世界的な異常気象が、日本列島にも及んでいたことを示す、歴史学にとってもっとも肝心で確実な証拠が、二〇〇八年当時には見当たらなかったからだ。

その動かぬ証拠が研究者の目に触れるようになったのは、つい最近のことである。

年輪酸素同位体比偏差のデータ

図1は、中部日本における樹木年輪セルロースの酸素同位体比偏差のグラフである。年代の範囲は五〇〇～六五〇年で、日本に仏教が伝来したとされる五三八年と五五二年、および聖徳太子が政権に参加する五九二年に、小さな〇印を付けた。なおグラフの作成にあたっては、同種のデータを活用した論文「古代日本の気候変動と銭貨発行の関係分析」[*9]を書いている村上麻佑子氏のご協力を得た。

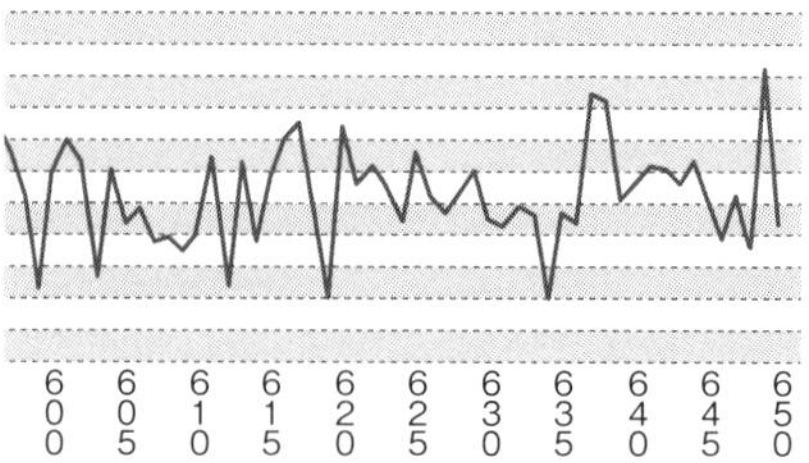

このグラフは、中部日本における夏季（とくに六～七月）の乾燥・湿潤の変動パターンを示したものである。それぞれの年の夏季が相対的にどの程度乾燥していたのか、あるいはどの程度湿潤だったのかの目安（偏差）を知ることができる。

このデータは、縦軸のゼロを基準にして、数値がプラス（このグラフでは上側）である年の夏季は乾燥していた可能性が高く、数値がマ

図1　中部日本の年輪酸素同位体比の偏差（500年～650年）

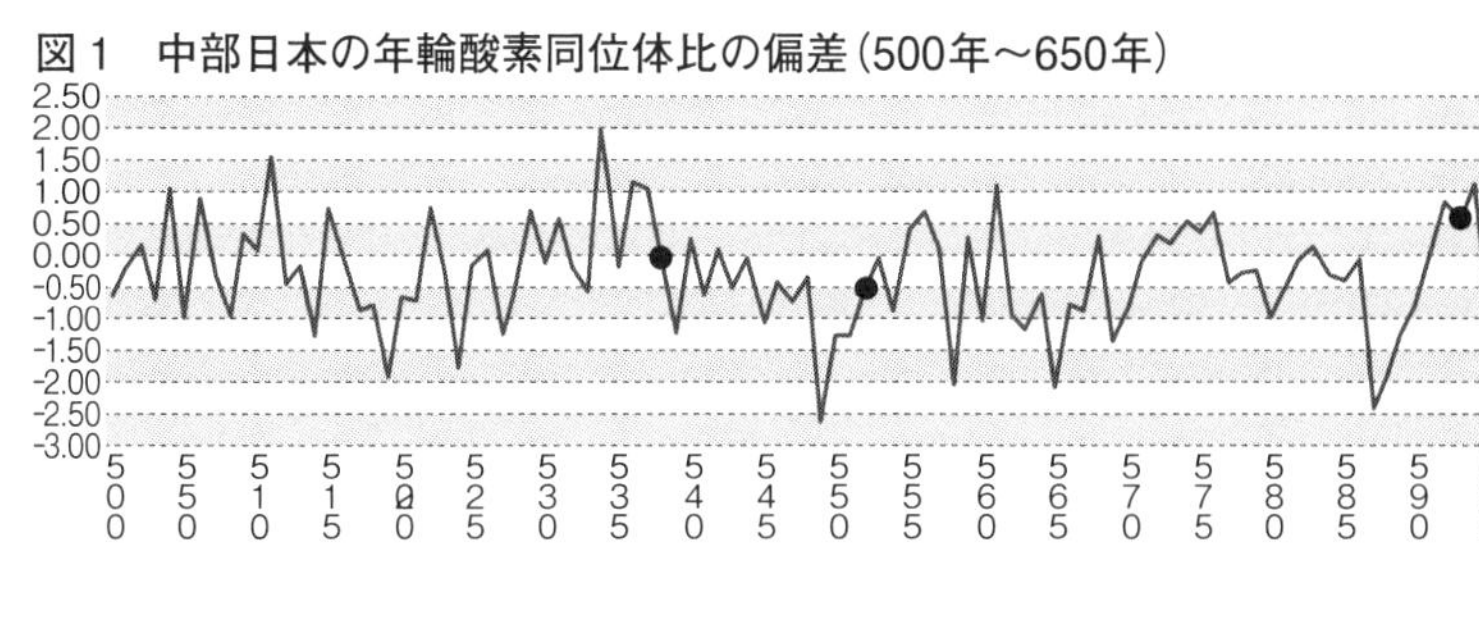

イナス（グラフでは下側）になっている年の夏季は湿潤であった可能性が高いことを、即座に判断できる優れものであり、すでに過去二六〇〇年間にわたる乾湿データが構築されている。[*10]

この画期的な樹木年輪酸素同位体比偏差のデータを生み出したのは、同位体地球科学を専攻する中塚武氏である。ところで、このような自然科学系のデータを歴史学が利用する場合には、結論だけを鵜呑みにせずに、少なくともデータに表れる特性や限界について知っておく必要があるが、今ここでそれを独自に説明している余裕がない。データ構築の原理と手法については、中塚武監修『気候変動から読みなおす日本史2　古気候の復元と年代論の構築』[*11]の第二章を参照していただくことにして、話を先に進めよう。

日本列島を襲った五三四年の異常乾燥とその影響

図2は、図1から五一八〜五五七年の箇所を取り出したグラフである。五三四年に数値が異様に跳ね上がっていることがわかるだろう。データでは、この年の偏差は一・九三を示している。

この一・九三という数値から、私たちはどの程度の異常事態を想定したらよいのだろうか。

年輪酸素同位体比偏差の個々のデータ比較は、年輪水素同位体比で補正をかけた現在のデータでも、比較する期間は短いほうが有効性が高いと思われるので、以下の作業はあくまでも本稿に必要な一つの目安を得るためのものである。

さて、西暦一年から一〇〇〇年までのあいだで、この一・九三よりも範囲を広めにとって、偏差の数値が一・七五以上ある乾燥年を書き上げても、それは四七年、一三五年、二一〇年、五三四年、六八六年、九一〇年、九四八年、九五四年、九七一年、九八七年の一〇回しかな

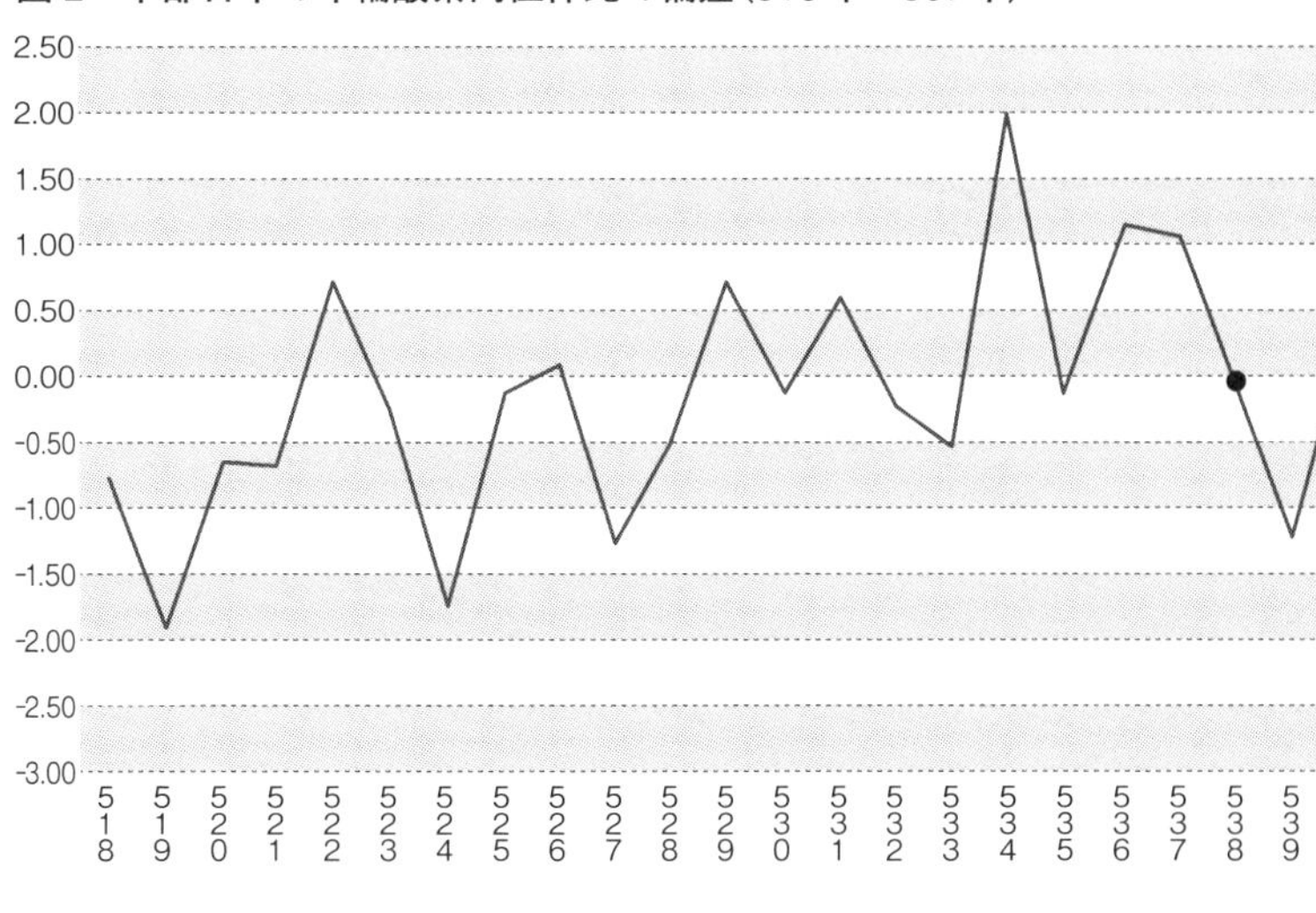

図2　中部日本の年輪酸素同位体比の偏差（518年〜557年）

い。一〇世紀にその半数が集中しているのは、当該期が温暖乾燥年の続く長期にわたる異常な気候の時期、いわゆる中世温暖期に入っているからである。[*12]

五三四年夏の日本列島は、近年よく耳にする言葉を使えば、数百年に一度の大干ばつが起きた可能性が高く、その偏差の大きさから判断すれば、この年の稲作や畠作が全国的に大きな被害を受けたことは、ほぼ間違いないと思われる。翌五三五年にいったん乾湿状況は平常に戻ったが、グラフから読み取れるように、五三六年から二年連続で、再び乾燥した夏がくる。偏差一・〇〇のところに横線を引いてみればよくわかるように、図2の期間において、五三四年だけでなく、五三六年と五三七年の二年間も、大きな干ばつの発生が想定できる異常な年であった。

仏教が伝来したとされる五三八年は、その翌年である。

ところで以上の想定には、気象災害を考える場合に必要となる気温の情報が入っていない。年輪の幅や密度に基づいた東アジアの一年ごとの気温データは、まだ八〇〇年以降のものしか構築されていないので、[*13]当該期の日本列島の気温を想定に入れ込むことは、通常の時期では難しい。しかし、日本列島で五三四年からはじまるこの異常気象が、五三三年に赤道付近で起きた火山の大噴火の影響によることは、ほぼ確実であると考えられる。そうだとすれば、当該期の日本列島は大きな干ばつだけではなく、世界の多くの地域がそうであったように、厳しい冷夏にも見舞われていた可能性が高い。同時に起きる干ばつと冷夏が稲作にもたらす悪影響については、あらためて述べるまでもない。

安閑元年（五三四）一〇月から翌年五月にかけて、『日本書紀』は大量の屯倉が諸国に設置されたことを記している。このときの諸国屯倉の設置が、五三四年夏に起きたこの異常乾燥による干ばつに起因していたことは、もはや疑う余地がないだろう。同様に、仏教伝来五三八年説が、五三三年の火山噴火が日本列島にもたらした災厄の文脈上にあることも否定しがたいというのが、本稿の結論である。

なお、この結論に基づいた『日本書紀』の再検討が必要である。また、仏教伝来五五二年説の気象学的蓋然性についても当然考えなければならないが、乾燥化の場合と比べると、湿潤化を示すデータの影響度合いはかなり複雑であり、[*14] すでに予定した紙数をはるかに超過しているので、その話は別の機会に譲ることにしよう。

［註］

1 吉田一彦「仏教の伝来と流通」（『新アジア仏教史11日本Ⅰ　日本仏教の礎』第1章、佼成出版社、二〇一〇年）。
2 デイヴィッド・キーズ『西暦535年の大噴火――人類滅亡の危機をどう切り抜けたか』（畔上司訳、文藝春秋、二〇〇〇年）。
3 仁藤敦史「古代王権と『後期ミヤケ』」（『国立歴史民俗博物館研究報告』第一五二集、二〇〇九年）。
4 生田敦司「六・七世紀の気象変化と『穀』をめぐる諸問題」（中塚武監修『気候変動から読みなおす日本史3　先史・古代の気候と社会変化』臨川書店、二〇二〇年）。
5 石弘之『歴史を変えた火山噴火――自然災害の環境史』（刀水書房、二〇一二年）。
6 河合潤『西暦536年の謎の大噴火と地球寒冷期の到来』（ディスカヴァー・トゥエンティワン、二〇一四年）。
7 西谷地晴美『日本中世の気候変動と土地所有』（校倉書房、二〇一二年）。
8 L. B. Larsen, et al. : New ice core evidence for a volcanic cause of the A. D. 536 dust veil, Geophysical Research Letters, 35, (2008).
9 村上麻佑子「古代日本の気候変動と銭貨発行の関係分析」（『歴史学の感性』敬文舎、二〇一二年）。
10 中塚武監修『気候変動から読みなおす日本史1　新しい気候観と日本史の新たな可能性』（臨川書店、二〇二一年）、三二一～三二三頁。
11 中塚武監修『気候変動から読みなおす日本史2　古気候の復元と年代論の構築』（臨川書店、二〇二一年）。
12 前掲註7『日本中世の気候変動と土地所有』。
13 この気温データは、https: //www. chikyu.ac. jp/nenrin/data. html から取得可能。
14 前掲註9「古代日本の気候変動と銭貨発行の関係分析」。

奈良女子大学
KeiHanNa
けいはんな講座
00

けいはんな公開シンポジウム

聖徳太子像の再構築　討論

［パネリスト紹介］

小路田泰直
◉奈良女子大学理事・副学長／研究分野：日本近代史

斉藤恵美
◉奈良女子大学特任助教／研究分野：日本思想史、仏教史

佐藤弘夫
◉東北大学大学院文学研究科教授／研究分野：日本思想史・文化史

主な著書・論文：『死者の花嫁――葬送と追想の列島史』（幻戯書房、2015年）、『日本人と神』（講談社現代新書、2021年）、『人は死んだらどこへ行けばいいのか――現代の彼岸を歩く』興山社、2021年）

鈴木明子
◉奈良女子大学古代学・聖地学研究センター協力研究員／
研究分野：日本古代史

主な著書・論文：「古代都城と聖徳太子――小墾田宮・斑鳩宮・斑鳩寺」（舘野和己編『日本古代のみやこを探る』勉誠出版、2015年）、「王権の論理と仏教――聖徳太子と舒明天皇」（『古代学』第9号、2017年）

西谷地晴美
◉奈良女子大学研究院人文科学系教授／研究分野：日本中世史

主な著書・論文：『日本中世の気候変動と土地所有』（校倉書房、2012年）、『気候危機と人文学――人々の未来のために』（編著、かもがわ出版、2020年）

西村さとみ
◉奈良女子大学研究院人文科学系教授／研究分野：日本文化史

主な著書・論文：『平安京の空間と文学』（吉川弘文館、2005年）、「唐風と国風」（田中史生編『古代日本と興亡の東アジア』竹林舎、2018年）

小路田　今回のシンポジウムは四人四様の話になったので、どこからどういうふうに議論してよいかが難しいんですけれども。こういうときは、年配の先生にまず口火を切っていただくというのが一番やりやすいかなと思って。佐藤さん、何か感想から話していただければと思います。

佐藤　いきなりきましたね。それではちょっと発言させていただきます。

まず鈴木さんの発表ですが、史料をふまえたきちんとした論証をされていて、とてもおもしろかったです。大夫合議制の変化と聖徳太子の憲法が対応しているという説は、初めて聞きました。個人的な感想からすれば、これは非常にいい視点だと思います。この説が、研究史のなかでどんなふうに位置づけられることになるのか、少しご説明いただければと思います。

それから小路田さんのご発表。小路田さんのおもしろさは、常識にとらわれない問題提起です。今回のお話もまさにそうでした。私もそれほど詳しいわけではないのですが、聖徳太子とその周辺に関するきっちりした制度史や政治史の方からの研究は、たくさんあります。ただ現代人としての視点からではなく、この時代の人間の感性に立ち返って考えたとき、おそらく当時の人びとは、人が歴史をつくっていくんじゃなくて、人間を超えたような存在、『日本書紀』でいう「聖（ひじり）」とかですね、そういうものが人と一緒になって歴史を動かしているという認識があったのではないか。
それを現代の学問の立場からどのように捉え、どのように歴史の記述に組み込んでいくかという問題は、とても難しいけれども、やはりどこかでチャレンジしていかなければならないテーマではないかと思います。
そういう意味では、今回の聖徳太子に関する小路田さんの問題提起は、非常に重要な意味があると思います。ほかにいろいろ話したいことがあるんですが、一番おもしろいと思ったのは、やっぱり聖徳太子は死んでいないということですよね。

小路田　そうですね。

佐藤　今回出なかった話ですが、聖徳太子の生身をそのまま写したと言われる像がありますよね。法隆寺の釈迦三尊像でしたでしょうか。それから、梅原猛さんが『隠された十字架』で、夢殿の救世観音像は、じつは聖徳太子の生霊をそのまま封じ込めるという意味があったんだ、ということを論じておられます。小路田さんからみると、こうした議論はどんなふうにみえてくるのか。一時期とても話題になった問題提起だけに、そのあたりのご意見をちょっとお聞かせいただければと思います。私のほうからこんな形で口火を切らせていただきます。

小路田　ありがとうございました。研究史上の統治論というか、ここは強烈に主張してください。

鈴木　わかりました。大夫合議制の研究史がどのようになされているかということですが、以前は推古朝にはそれがはじまるという考え方に立って、冠位十二階との関係性が強調されていたんですが、最近は六世紀初めにまで大夫合議制の成立が遡るとする研究が主流になってきて、冠位十二階との関係性がぼやけてきているっていうのが研究の現状です。それに対して、私はやはり推古朝で大夫合議制というのは大きく変わっている、むしろ推古朝から本当の大夫合議制がはじまっているというように考えていて、しかも、その大夫合議制っていうのは、これまで氏族合議制とイコールのものというふうに考えられてきたのですが、たしかにまだ推古朝の段階では、氏族合議制の要素を多く残存しているものではあるけれども、そこから一歩踏み出したものをすでにつくろうとしていて、たしかにそこから一歩踏み出しているというふうに考えております。

小路田　今の点、ちょっと、参加してる西村さん、西村先生、いない、いない？

西村　いや、はい。

小路田　ちょっと今の点、コメントしてください、古代史家として。

西村　鈴木さんがおっしゃった以上に申し上げることはないのですけれど、形とそれを支える思想の問題、つまり、現象として把握しうる何かがあることと、それを成り立たせている思想がどのようなものかという問題があって、どのレベルで変化や画期をみるかにより、大夫合議制の成立時期も下ったり遡ったりしているように思います。私自身は、鈴木さんのご見解が、制度を支える思想を丁寧に、しかもそれが必要とされる内在的要因まで見据えて読み解こうとされていて、説得的だと思っているのですが、それが広く受け入れられてはいないのが現状かと。こうした社会と思想についての考え方の違いが、聖徳太子の評価とも関わっているような気がします。すみません、あの、油断していました。

鈴木　すみません。十七条憲法との関係というのを質問されていて、答えるのを忘れていたんですが、十七条憲法と大夫合議制の関係性について言っている先行研究はあまりないと思います。冠位十二階との関係性では多く言われてきたんですが、さらにそれを十七条憲法と一体の法として、そこの思想を読み込むっていう研究まではほとんどされてないと思います。

小路田　僕に振られた話ですけども、死んだ人が生きてここに存在するっていう考え方は、そんなに珍しい考え方ではないと思うんですけれども。やっぱり聖徳太子は、そういう存在として認識され続けたのかなっていうイメージがあります。先ほど言われた釈迦三尊像というのは、その聖徳太子を写したというふうに言われてるものですけれども、聖徳太子の偶像がすごく多いですよね。この前、野中寺(やちゅうじ)に行って二歳のときの聖徳太子ってのを買ってきました。で、一二〇〇円です。そういう、すごい、たくさんの偶像があるっていうことは、やっぱりキリストの偶像がたくさんあるのと、じつは非常に近似的なんではないのかな、という感じをしています。

それから古代史の人たちがあーでもない、こーでもないと言って、昔はあんまり興味なかったんですけども、「不改の常典」というやつですよね。なんで「不改の常典」と言われる特別な法があって、しかもそれを継承するということが天皇になるための必要条件になるということが延々と続くのか、というふうなことを考えてみると、やっぱりそこに絶対化された実際の法の制定者、かつ、そこに今なお君臨し続けている存在っていうのを考えたほうがよいいんではないかな、っていうのが僕の印象ですね。ちょうどそれが、たぶん江戸時代に入るころに消えていくのかな、という感じ。先ほど佐藤さんが、近代化ということの必然か、江戸に入るころからずっと消滅していくと。そういう生きてる霊魂として、霊としてこの世に漂っている聖徳太子って、イメージが崩れていくのではないかな、という印象をもっています。以上です。

お二人（斉藤さん・鈴木さん）のどちらからでも、誰に対してでもいいですから、質問とかあれば出してください。譲り合わない！

鈴木　聞きたいことがあるんですけど。小路田先生と斉藤さんにお聞きしたいなと思うんですけど。

十七条憲法の第十条には自分は必ずしも聖人ではないと、また、他者は必ずしも愚者ではなく、人は皆凡夫であるというふうに定めている。これに対して第十四条では、聖人というのは滅多にあるものではないけれども、聖人がなかったら国は治まらないと言っている。私はこの二つの条が矛盾するんじゃないかっていうのをずっと思っていて、小路田先生のお話を聞いたときに、その矛盾を超えるために聖徳太子の死があるのかなとも思ったんですけれども、やっぱり矛盾は矛盾だなと思うんです。

十七条憲法を読んで、ずっと突き詰めて考えていくと、ひたすら従いなさい、衆に従って同じく行動しなさい、意見を一致させなさい、とひたすら言うんです。でも、じゃあ何に従うのか、衆が何に従うのか、何に意見を同じくすればいいのか。その何ものかっていうのが、私は何回読んでもみえてこない。その一番大事な中心がすっぽりと空洞になっている、そんなふうに感じていて、それもやっぱり一つの矛盾。だからのちのち、独断はいけないと退けておきながらも、すでにその十七条憲法の構造の中に何者か、従わなくてはいけない何者かが、のちの独断する摂関のような官職がそこに入りうることもあるような構造に最初からなっているんじゃないか、っていうふうに考えているんですけれども。

その矛盾点についてお伺いしたいなという……。

小路田　十条の話は、要するに誰も聖人ではなく、誰も特別優れてもいないし、特別劣ってもいないよっていう話ですよね。だから、みんな同じ人間ですよっていう。それを凡夫っていう表現にしていて。この世の中の人はみんな凡夫であって、だから私を捨てられる人なんか誰もいない。だから恨みごとがやがて喧嘩に発展して大変なことになりますよ、だから恨みごとを喧嘩に発展させないようにしましょうね、と。だから「和をもって貴しとなす」もある意味では便宜的な方法。絶対正しいのは、ほかがこうしなさいって言ってるんじゃなくて、お互いにそこまでぶつかり合うとややこしくなるから、このへんでやめときましょう、というレベル。だから、その衆に従うのもみんな同じことだと思うんですね。だけど、それだけで世の中が成り立つっていうふうに思うほど、牧歌的ではない。やっぱり今、(鈴木さんが)言われた何か絶対的な規範になるようなものっていうのは必要だと。そのときに、結局人間は人間からそれを生むしかないんだと思うんですよ。いろんなこと言っても。

鈴木 そうですね。

小路田 同じ人間のなかの誰かを、同じ人間でない人間にする、という作業をやる。それを誰かにやらせるっていう場合があれば、自分がやるっていう場合もあるんだけれども、そういうことを突き詰めた人物が、やっぱり聖徳太子って人物なのではないのかな。そのときに、彼は死と再生という方法を考えついたっていうか、思いついたっていうか、とんでもない方法だと思うんですよ。だって自分が死んだあと、どうなるかなんてわからない、本当はわからないわけですから。でもそういうふうに考えて、論理立てをして準備をしてっていうのが彼だったんではないかな、と。歴史上、それをやりきったのは彼ぐらいしかいないので、ずっとその後も、死と再生を遂げた存在として、聖徳太子は皆から崇められる、というふうになって、日本の秩序の中心に常に座り続けているっていうふうに考えればいいんではないかな、と思っているんですけど。

仏教なんかでもそうですよね。お釈迦さんという人は特別な人ですよね。この特別な人で、ただ神さまと言っているだけではやっぱり駄目で、人間がそうならないと。たとえば十七条憲法は神さま自身では書けないから、人間がやらなあかんわけですよね。だから人間が神同様の存在になるっていう話をどこかにビルドインしていくっていうのが、どの社会でもやっぱりあるんじゃないのかなって。日本の社会では、ちょうど古代国家が誕生していくプロセスのなかで、決定的に重要であった人物がその聖徳太子だったんじゃないかな、という感じがした。

はい、じゃあ斉藤さん。

斉藤　ぐうの音も出ない感じに言われてしまいました。十七条憲法は、今、小路田先生が言ったように、社会を維持していく方法の提示をしていて……、私のイメージですけど、矛盾というよりも「和」と「聖」というもので社会維持のための二つの方法を提示している、というふうに考えています。それが、のちの時代の律令みたいな形にどうやってつながるのか。天皇が現人神とされていくこととの接続を今後の課題として考えようかなと思っていたら、もう小路田先生がバーッとやっちゃったんで、まだ自分の中で考えが固まっていない段階なので、「はい（そうなんですね）」と聞いていました。

小路田　今の憲法を考えたらいいと思うんですけども。憲法って最高法規じゃないですか。その下に法律があって、法律は多数決で決められるわけですよね。だけど、多数決で決めたはずの法律が憲法に逆らったときには法律が駄目になる。憲法って誰が決められるんだっていうふうになると、通常みんなで多数決で決めたら普通の法律と原理的に何も変わらないので、たぶん無理なんだと思うんですね。今の日本国憲法って何っていうと、やっぱり三〇〇万人の犠牲とかね、世界中で何千万人の人が死んだとか、こういう歴史的事実がないところに成立するようなものではないっていうのが僕の感覚なんですけれども。だから、事実関係からしか生まれない。そういうものは絶対にって思っていて、それを人が意図してつくろうと思ったときには、やっぱり超越者をつくるしかない。だからさっき佐藤さんが言われたように、人間社会が人間じゃないものに動かされて、かつ人間でないものを常に生み出し続ける。それに媒介されて、逆に人間が人間らしく生きるというふうなカラクリとして、世界っていうのは考えないかんのかな、っていうふうに思うんですね。そこのところが大事なのかな、と思ってます。ほか、いいですか。佐藤さん、ちょっと聞きたいんですが、いいですか。

佐藤　はい、どうぞ。

小路田　疫病「神」っているじゃないですか。仏教のなかにいるんですかね。

佐藤　もう少し、お話いただけますか。

小路田　今日の話聞いててね、僕の知ってるわずかばかりの知見でいうと、明治の初めのコレラの流行のときに、京都の人は一所懸命祇園さんに行くんですよ。日本の警察はそれやられると困りますから、夏の暑いときに祇園さんに来られたらもうえらい目にあいますんで、だからそれを止めようとして必死になるんですね。ちょうどそれが近代化の、大きく変わるときで、いろんなものが入ってきてという……。だから神と疫学の関係みたいなものっていうのは、ある意味で非常によくわかるんですけども、仏教というのがそこにどう関わっていたんだろう、っていうのはちょっと興味がある。

佐藤　今の祇園さんのお話は、私の知らなかったことでした。近代に向かって疫病認識が変化していく、ちょうどその転換点にあたる時期のことで、非常に興味深い事例ですね。自分でもぜひ詳しく調べてみたいと思います。それから仏教と疫病神の関係ですが、仏教そのものが疫神をどこまで抱え込んでいるかというと、古い経典にはたぶん出てこないと思います。

前近代の日本列島では疫病神にどう対応したかというと、疫病神が侵入してこないように、境界にあたる場所でもてなして、満足して帰っていただく、というのが基本的な形です。現代のパンデミックのように、コロナと戦って勝ちを収めるという発想はありません。疫病神はあくまで敬意を払うべき神なんですね。

ところが、神であるけれども、その疫病神をそのもっと大きなパワーのあるものに追い払ってもらうっていうやり方はありました。そのときに利用されるのが、より仏教に近い、オーソドックスな神仏です。それらが疫病神を追い払う役割を果たすことがありました。密教の修法を通じて、疫病神のいらだった気持ちを鎮め、疫病の沈静化を図るという方法がとられることもありました。

小路田　神仏の関係って、おもしろいですよね、考えてみるとね。うまいこと分業しているところは分業しているし、結びついているところは結びついているし。

僕、鈴木さんの今回の話から最近の傾向として、もう昔からそうですけれども、日本の土着と外来の文明っていう処理の仕方……、日本の社会の前進というのは、常に外来の文明によってもたらされていくっていう……。で、日本に存在してんのは土着だっていう感覚みたいなもの。

たとえば吉田孝さんなんかがそういう議論をされて、律令国家が本当に定着するのは九世紀だとかね、一〇世紀だとかいう話をされて、この手法に対して、いやそうではなくて、日本の社会の中に内在的に新しい物を生む要素があるんですよっていう話をすることの難しさと、それから、それの可能性みたいなことについて少し聞きたいなっていう感じ。

鈴木さん。

鈴木 私？　もう一回言ってもらっていいですか。すみません。

小路田 （笑）じゃあ、またあとにしよ。

フリーにディスカッションしたいんですが、参加していただいてるなかで西谷地さん、何かひと言。

西谷地 あ、こんにちは。えーと、ちょっと時期はズレるんですが、日本に仏教が伝来したと言われている時期、五三〇年代の後半ですけど、この時期の環境変動についてはいくつか本が出ていて、世界的に強烈に気候が悪くなったことがわかっています。インドネシア・スマトラ島の火山が五三五年に大噴火しちゃうんですね。だから緊急避難的に導入されたのが仏教だったと思います。災害対策で仏教が導入されたという点については、たぶんそう簡単に否定できないのではないか。五三〇年代の大和朝廷の重要な政策は仏教導入だけではありませんが、五三四年の異常乾燥もふまえると、この時期の政策は、外交ではなく災害対策で理解すべきだと僕は思います。その後、一時期五五〇年代の後半ぐらいにも気候が悪い時期はあるんですが、それ以外はたいした干ばつが起きていないだろうという意味で、順調な気候がずっと続いていたと思います。今日話題になった聖徳太子の時期ですが、聖徳太子の時期は強烈なんですよ。日本列島で干ばつが連続したに違いないと思います。名古屋大学自然系の中塚武さんが、一年ごとのいわゆる湿度データを作成していて、それを見ると、聖徳太子が摂政になったとされている五九〇年代は、ひどい乾燥データが連続している時期です。聖徳太子が生きていた時代で五九〇年代のような、強烈な乾燥年が続く時期はほかにありませんし、その異常さは他の時代と比べてもすごいんですね。当初の仏教が臨時的に災害対策として導入されているのはたぶん間違いないでしょうし、聖徳太子が冠位十二階や憲法十七条をつくっていく直前の一〇年間は、平安時代より強烈な干ばつが一〇年近く日本列島を襲っていた可能性がある時期ということになります。僕が言えるのはその事実の指摘だけですね。その事実と、この時期の仏教の問題であったり国家の制度の枠組みの成立みたいなものっていうのは、何か大きく関係しているのではないかというふうに、鈴木さんのご報告などを聞いて考えていました。僕からは以上です。

小路田　ありがとうございました。ほかに何か。

鈴木　佐藤先生にお聞きしたいんですけれども。

佐藤　はい、どうぞ。

鈴木　基本的なことなんですけれども、聖徳太子はなぜ出家しないのか。そして、出家していない俗人にも関わらず、なぜこれほどの信仰が生まれていくのかっていうのを、聞いてみたいなと思ったんですけど。

佐藤　それに関しては、私もわからないって言うしかないですね（笑）。聖徳太子がなぜ出家しなかったのかという問題については、摂政という政治的に重要な地位にあって、立場上簡単には出家できなかったんだと思います。

ただ、聖徳太子がのちのちいろんな形で次々と再生していくことを考えると、むしろ私は、彼が俗人であったことにすごく大きな意味があったような気がします。その後も、弘法大師空海とか慈覚大師円仁とか、時代を超えて繰り返し蘇ってくる人物は出てきます。そうしたなかで、俗人であったことが逆に多様な聖徳太子像を生み出し、それが重層的で振幅の大きい聖徳太子のイメージの造形につながっていったように思いますが、どんなもんでしょうかね。

鈴木　たしかに佐藤先生のお話を聞くと、聖徳太子はさまざまな媒介をする存在なのかなというふうに読めるので、たしかにそこは俗人のほうがよいのかな、という感じはしました。

小路田　聖徳太子に対して、ものすごく思い入れしたのは親鸞ですよね。親鸞もある意味で言えば、通常の出家とはちょっと違う世界を生きた人ですけども。その親鸞と聖徳太子のつながりっていうふうなものは、もう少し語るとどうなります。

佐藤　真宗門徒のなかには、聖徳太子を持ち出すの、嫌がる方もいるんですよ。けれども、親鸞が若いときに聖徳太子に傾倒していたことは否定しようのない事実であると思います。親鸞は当時浄土信仰の聖地となっていた磯長の聖徳太子の墓地を訪れていますし、そこで聖徳太子が書き残したという「廟窟偈」という文章を書写しています。親鸞が浄土信仰に入っていくうえで、聖徳太子はすごく大きな役割を果たしたと思いますね。

ただ、当時のほかの浄土信仰者と違うのは、独自の信仰を確立したあとの親鸞は、聖徳太子を救済者、あるいは浄土への仲介者としては、いっさい認めようとしないんです。あくまで日本に仏教を広めた、その先駆者として評価する。とても高く評価するけれども、聖徳太子には、救済に関わるような宗教的な役割をいっさい認めない。そこがやっぱり親鸞の非常に特色のあるところだと私は思います。

小路田 ここでずっと調べているときにね、一つおもしろいなと思ったのは、大化改新のときに孝徳天皇が日本の仏教史を語っているんですね。仏教伝来の歴史を語っているんですけども。そのなかに聖徳太子って出てこないんですよ。馬子ばっかり出てくるんですね。そのとき、当然聖徳太子が重要な役割を果たしたっていうのは、当時ですから、百も承知のうえで。聖徳太子像を消してしまうっていうことが六四五年の段階で行われているっていうのもまたおもしろいなって。

逆に言うと、変幻自在な太子像につくりかえてしまう。実在的な太子像ではなくて。というふうな作業に入ったのかなって、ということにも興味が湧きました。

佐藤 それはとても興味深い指摘ですね。一方的にイメージがふくらんでいくんじゃなくて、変幻自在に変身していく。おもしろいですね。

小路田 ほかにどなたか、ご意見ありますか。

予定した時間は少しオーバーしたんですが……、少し議論してみたかったということで、議論できたのではないかなと思います。聖徳太子を考えるって、古代国家そのものを考えるくらい大きな問題でしょうし。日本の思想史の全体に関わるような問題でもあるということで、さらに深めていければなと思います。

そういうことで、今日はこれで終わりたいと思います。どうも長時間ありがとうございました。終わります。

結

結びに

中世になると、この国には聖徳太子信仰が広がるが、そのなかで四天王寺や法隆寺と並んで聖地の扱いを受けた寺に、「下の太子」と呼ばれた大聖勝軍寺（八尾市）と「中の太子」と呼ばれた野中寺（羽曳野市）、「上の太子」と呼ばれた叡福寺（大阪府太子町）があり、巡礼の道を形成している。

大聖勝軍寺はJR大和路線の八尾駅からバスで五分ぐらいのところにあり、野中寺は近鉄藤井寺駅からバスで一〇分ぐらいのところにある。叡福寺に行くには近鉄南大阪線の上ノ太子駅で降り、旧竹内街道を三〇分ほど歩かなくてはならない。ほぼ一日で回れる範囲なので、天気のいい日に散策して巡るにはうってつけの寺々だ。ただ行ってみれば、それぞれの寺でそれぞれの驚きがある。

大聖勝軍寺での驚きは、そこにはいまだ崇仏派と廃仏派の争いの跡が残っていることだ。蘇我馬子、聖徳太子ら崇仏派の軍勢と、物部守屋率いる廃仏派の軍勢が激しく戦った場所に、両軍の犠牲者の魂を鎮めるために建てられた寺だということだから、当たり前かもしれない。しかし、我々が驚いたのは、寺の近くに建てられた「物部守屋之墳」の周りに巡らされた玉垣に刻まれた寄進者たちの名だ。日本を代表する神社の名が、そこには並んでいた。「今なお」なのか、「今だから」なのかは知らないが、廃仏派の健在ぶりがうかがわれる。日本の神道家たちは、今なお蘇我馬子や聖徳太子を恨み、物部守屋を慕っているように、我々には思えて、驚いた。

次いで野中寺だが、そこでは、発掘によりわかってきた、創建時の伽藍配置に触れて驚いた。塔と金堂と講堂の配置が、素人目には法隆寺そっくりに見えたからである。

自分たちの無知を曝け出すようだが、我々は聖徳太子が活躍した飛鳥時代に建てられた寺は、飛鳥寺や四天王寺のように、塔と金堂と講堂がシンメトリカルに配置されているのが普通で、一度火災にあい白鳳時代（天武・持統朝）以降に建て替えられたから、法隆寺は今のようないびつな形をしていると思い込んできた。しかしその勝手な思い込みが、ひょんなことから打ち砕かれてしまったのである。野中寺は、聖徳太子と蘇我馬子の発願と伝えられており、少なくとも七世紀半ばには建てられていたとされている。どちらかといえば飛鳥時代に属する寺だ。その野中寺が法隆寺のような伽藍配置をとっていたのである。飛鳥時代にも今の法隆寺のような伽藍配置があったのだというのは、素人的には驚きであった。もしかしたら、今の法隆寺を一度も火災にあっていない創建時のものと考える非再建派にも、まだ一縷の望みがあるのではないかとの思いがよぎった。

そして最後は叡福寺。太子が眠る古墳磯長墓（叡福寺北古墳）を守るかのように建てられた寺だが、聖徳太子創建とも、聖武天皇創建とも伝えられている。ここでの驚きは、何よりも叡福寺の大きさ、立派さである。この一四〇〇年、どれだけ多くの人が、聖徳太子に会いにこの地を訪れたことかと思うと、少し感無量になった。聞けば、昔は棺のあるところまで入れたとのことである。今はコンクリートの壁で仕切られて、誰も入れない。結局、聖徳太子信仰の中心には、「生身の太子」自身がいたのである。だから太子を慕う人は必ずここまでやってきて、その結果、叡福寺に繁栄をもたらした。その繁栄の名残に驚いたのである。

以上は、実際に行ってみて感じ、驚いたことであるが、道中、もっと多くのことを感じ、語り合った。

たとえば斉藤が長年抱いてきた、日本仏教界の頂点には常に聖徳太子が置かれながら、聖徳太子の仏教史上の位置づけが曖昧なのはなぜか、という疑問について語り合った。そして、とにかく最澄・空海が現れるぐらいまでは、日本人の仏教理解は表層的なものにとどまったとする専門家的常識は打ち破らなくてはならない、ということで一致した。

あるいは、叡福寺の建つ「王陵の谷」について、なぜこんなところに推古朝の直前から大化改新ぐらいにかけて活躍した王（用明天皇・推古天皇・孝徳天皇）や王族たちは眠っているのか、ということについて語り合った。

もしかしたら二上山(にじょうさん)の西側だったからではないかとは、小路田の仮説であった。大和盆地からみれば二上山は夕日の沈むところ、すなわち極楽浄土の方向にある。だからのちには、その東山麓に建つ当麻寺が、極楽浄土の入口として我が国浄土信仰の一つの中心となった。だからではないか、と。しかし斉藤は、浄土信仰が広がるのは平安時代だと反論した。

そして一日はあっという間に過ぎ、自由な語らいは、二人の報告づくりの糧となった。読者諸子もまた、聖徳太子の痕跡を歩いてみることを勧める。

さて、最後にシンポジウムでは触れなかったことに言及して、本書の締めくくりとしたい。それは聖徳太子の居所（小路田流にいえばだが）法隆寺は、近代日本の誕生においても巨大な役割を果たしたということである。

幕末期の混乱をくぐり抜けて誕生した天皇制国家にとって、いの一番に果たさなくてはならない政治イベントは、神武天皇陵の修復と、そこへ向けての天皇の行幸（大和行幸）であった。文久三年（一八六三）、攘夷祈願のため孝明天皇が大和行幸をしようとして、天誅組の乱や八月一八日の政変などに阻まれ、結局実現しなかったことは、よく知られているが、西南戦争が勃発した年（明治一〇年〈一八七七〉）にも、それは試みられた。そして今度は実現した。明治一〇年二月一一日、明治天皇は京都、奈良を経て今井町に至り、神武天皇陵に参拝した。

そこで大事なことは、それを機に、翌明治一一年（一九七八）、宝物約三〇〇点が、法隆寺から天皇家に献納されたことである。そのとき「東大寺正倉院宝物」と御物の双璧をなす「法隆寺献納宝物」が誕生したのである。

近代国民国家にとって、国民を単一の共同体にまとめ上げ、さらにはそれを他の共同体から区別するためには、文化的個性の演出が不可欠であった。そしてそのための道具立てが国の宝であった。その創出を法隆寺は担ったのである。さらには、その国の宝の価値づけの舞台をも提供した。明治一七年、アメリカ人フェノロサと岡倉天心がやってきて、夢殿に眠る秘仏救世観音像の包衣を解いたとき、「日本の美」が発見されたが、それこそがその価値づけのために仕組まれた演出であった。

法隆寺は、近代日本の誕生にも多大の貢献をしたのである。戦後日本の文化財行政のはじまりをつくった文化財保護法も、昭和二四年（一九四九）の金堂壁画の消失がきっかけであった。

考えてみれば、古代から近代まで、法隆寺ほど話題の尽きない寺はない。本書が、その法隆寺と聖徳太子の歴史的絵解きの新たなきっかけになればと思う。

小路田泰直
斉藤　恵美

奈良女子大学けいはんな講座00

聖徳太子像の再構築

2021年12月10日　第1版 第1刷発行

編著者　小路田 泰直・斉藤 恵美
発行者　柳町 敬直
発行所　株式会社 敬文舎
〒160-0023　東京都新宿区西新宿3-3-23
ファミール西新宿405号
電話　03-6302-0699（編集・販売）
URL　http://k-bun.co.jp
印刷・製本　中央精版印刷株式会社

造本には十分注意をしておりますが、万一、乱丁、落丁本などがございましたら、小社宛てにお送りください。送料小社負担にてお取替えいたします。

JCOPY〈(社)出版者著作権管理機構　委託出版物〉本書の無断複写は著作権法上での例外を除き禁じられています。複写される場合は、そのつど事前に、(社)出版者著作権管理機構（電話：03-5244-5088、FAX：03-5244-5089、e-mail：info@jcopy.or.jp）の許諾を得てください。

©Yasunao Kojita, Emi Saito 2021

Printed in Japan ISBN978-4-906822-45-4